Pesadillas
En la gran pantalla

La terrorífica historia del cine de terror

Contenido

Introducción

Definición del cine de terror

El cine de terror es un género cinematográfico cuyo objetivo es asustar y provocar angustia en el espectador. Este género se caracteriza por la representación gráfica de la violencia, el terror y lo sobrenatural. Se basa en elementos visuales y sonoros, como el maquillaje, los efectos especiales, la música y el sonido, para crear una atmósfera inquietante y aterradora.

El cine de terror está frecuentemente asociado con temas como la muerte, la locura, el ocultismo, los monstruos, los zombis, los fantasmas y los asesinos en serie. Se puede dividir en varios subgéneros, cada uno con sus propias características distintivas. Entre los subgéneros populares del cine de terror se encuentran el slasher, el gótico, el gore, el metraje encontrado, el terror psicológico, el survival horror y el horror postapocalíptico.

Desde sus inicios, el cine de terror ha sido objeto de controversia debido a su contenido violento y morboso, que puede impactar y perturbar a los espectadores. Sin embargo, el género es popular entre un amplio público y ha influido en muchos otros ámbitos de la cultura popular, como los videojuegos, la música y la literatura.

El cine de terror también es un género en constante evolución, que refleja los miedos y preocupaciones de la sociedad contemporánea. Con el tiempo, el género ha

evolucionado para incluir elementos de la cultura popular,
como referencias a otras películas, sátira y humor negro.

Objetivos y desafíos del género

La sección «Objetivos y desafíos del género» es una
introducción crucial para comprender el significado e impacto
del cine de terror. Este género cinematográfico tiene como
objetivo principal asustar y asombrar al público utilizando
elementos de horror, suspense y tensión. Las películas de
terror se crean para generar sensaciones fuertes e intensas
en los espectadores, que a menudo buscan vivir experiencias
únicas e inolvidables en el cine.

El cine de terror también tiene como objetivo revelar los
miedos más profundos y oscuros de la humanidad, como la
muerte, la soledad, la pérdida de control, la locura y el miedo
a lo desconocido. A menudo, las películas de terror exploran
las fobias más comunes, como arañas, serpientes, payasos,
espacios cerrados y la oscuridad, para evocar emociones
primarias en el público.

El cine de terror también puede ser utilizado para abordar
temas sociales y políticos, como la discriminación, la
injusticia y la violencia, reflejándolos en situaciones
imaginarias y extremas. Por lo tanto, las películas de terror
pueden ser una forma efectiva de concientizar al público
sobre ciertas cuestiones sociales y hacer que reflexionen
sobre su propia percepción del mundo que les rodea.

Uno de los desafíos del género es estar en constante

evolución para seguir provocando fuertes reacciones en el público. Los directores y guionistas deben encontrar constantemente nuevas ideas, nuevos enfoques y nuevas formas de contar historias de terror para que las películas sigan siendo relevantes y cautivadoras. Además, el cine de terror también debe enfrentar la competencia de otros géneros cinematográficos y las nuevas tecnologías, como las plataformas de streaming, que están cambiando la forma en que los espectadores consumen películas.

Orígenes del cine de terror

Los orígenes del cine de terror se remontan a los comienzos del cine, cuando las películas eran principalmente atracciones espectaculares destinadas a impactar y asustar al público. Los hermanos Lumière realizaron una de las primeras películas de terror en 1896, titulada «El castillo del diablo», que mostraba a un diablo apareciendo repentinamente en la pantalla. Este cortometraje fue un éxito entre el público y allanó el camino para muchas otras películas de terror.

Las primeras películas de terror se inspiraban a menudo en la literatura gótica, con historias de vampiros, fantasmas, hombres lobo y monstruos. Las adaptaciones cinematográficas de novelas de Mary Shelley, Bram Stoker y Edgar Allan Poe fueron especialmente populares.

Sin embargo, las primeras películas de terror fueron criticadas por su falta de calidad artística y por su uso simple de la violencia y el efecto sorpresa para provocar reacciones en los espectadores. El género no se consideraba serio o digno de interés para los cineastas serios.

Esto comenzó a cambiar con la llegada del cine mudo, cuando directores como Georges Méliès comenzaron a usar efectos especiales para crear imágenes horripilantes y fantásticas en la pantalla. Las películas mudas como «El gabinete del Dr. Caligari» (1920) y «Nosferatu» (1922) también introdujeron elementos del expresionismo alemán, que influenciaron el estilo visual del género en las décadas siguientes.

En la década de 1930, los grandes estudios de Hollywood comenzaron a producir películas de terror de alta calidad, como «Frankenstein» (1931) y «Drácula» (1931), con actores famosos como Boris Karloff y Bela Lugosi. Estas películas se realizaron con grandes presupuestos y se prestó especial atención a la dirección, la dirección artística y la fotografía, lo que contribuyó a que el cine de terror fuera un género respetado.

En las décadas de 1960 y 1970, el cine de terror experimentó una nueva ola de creatividad, con la aparición de directores como Roman Polanski, George A. Romero y Dario Argento. Las películas de este período exploraron temas más complejos, como la política, la sexualidad y la sociedad moderna, manteniendo al mismo tiempo la atmósfera terrorífica característica del género.

En las décadas siguientes, el cine de terror continuó evolucionando y diversificándose, con la aparición de subgéneros como el slasher, el terror psicológico y el metraje encontrado. Películas como «Halloween» (1978), «The Texas Chainsaw Massacre» (1974) y «The Blair Witch Project» (1999) marcaron hitos en el género e inspiraron a directores de todo el mundo.

Hoy en día, el cine de terror es más popular que nunca, con películas como «Get Out» (2017), «Hereditary» (2018) y «A Quiet Place» (2018) que han tenido un gran éxito tanto en crítica como en taquilla. El género también se ha popularizado en las series de televisión, con programas como «American Horror Story» y «The Walking Dead».

Los orígenes del cine de terror están arraigados en la historia del cine mismo, con películas que comenzaron como atracciones espectaculares antes de convertirse en un género artístico respetado. Los directores constantemente han empujado los límites del género, explorando temas más complejos mientras mantienen la atmósfera horrorífica característica.

A pesar de las críticas iniciales, el cine de terror es hoy en día un género popular y respetado que tiene una gran influencia en la cultura popular y en la industria cinematográfica en general. Como género cinematográfico, el horror ha evolucionado para reflejar las preocupaciones contemporáneas y al mismo tiempo seguir provocando emociones intensas en los espectadores.

Los pioneros del cine de terror

El cine mudo y las primeras películas de terror

Aunque el cine de terror es hoy en día un género importante de la industria cinematográfica, comenzó a tomar forma desde los primeros días del cine. De hecho, las primeras películas de terror estuvieron influenciadas por historias macabras y leyendas urbanas populares de la época.

La primera película de terror jamás hecha es «Le Manoir du Diable» (1896) de Georges Méliès. Este cortometraje de tres minutos muestra a un hechicero en una mansión espeluznante, que hace aparecer fantasmas y demonios para aterrorizar a una joven mujer. Esta obra es considerada la primera película de terror de la historia del cine.

En la década de 1910, el cine de terror estaba representado principalmente por cortometrajes mudos, como «El Golem» (1915) de Paul Wegener o «El Gabinete del Doctor Caligari» (1920) de Robert Wiene. Estas películas se caracterizaban por su ambiente expresionista y su oscuridad siniestra.

Sin embargo, no fue hasta el advenimiento del cine sonoro que el género de terror realmente se hizo popular. En 1931, «Drácula» y «Frankenstein» fueron grandes éxitos comerciales, estableciendo así las bases del cine de terror clásico.

El cine mudo también fue escenario de importantes innovaciones técnicas en el ámbito del terror. Los directores utilizaron efectos especiales rudimentarios para crear escenas aterradoras, como la animación en stop-motion para dar vida a monstruos o esqueletos.

El cine mudo también inspiró películas de terror modernas, como «Nosferatu» (1922) de F.W. Murnau, una película muda alemana que se convirtió en un clásico del género. «Nosferatu» es una adaptación no autorizada de la novela «Drácula» de Bram Stoker, en la que el vampiro se representa como una criatura espeluznante y deforme, con dientes puntiagudos y garras afiladas. El personaje de Nosferatu se ha vuelto icónico en el género de terror.

Además de sus innovaciones técnicas y estéticas, el cine mudo también abordaba temas recurrentes en el cine de terror, como la muerte, lo sobrenatural y el miedo a lo desconocido y extraño. Los primeros directores de películas de terror también buscaron asustar al público al explotar los miedos más profundos y primarios de la humanidad.

En resumen, el cine mudo fue un laboratorio de experimentación para el cine de terror, donde los directores intentaron encontrar formas de asustar al público con efectos especiales primitivos e historias macabras. Estas primeras películas de terror sentaron las bases del género, que hoy es un género importante en la industria cinematográfica.

Los grandes directores y actores de la época

El cine de terror es un género rico y complejo que tiene más de un siglo de antigüedad y que ha sido moldeado por muchos grandes directores y actores. Estos artistas han aportado su propia visión al género, creando películas emblemáticas de terror que han cautivado a los espectadores y han dejado huella en la historia del cine.

Los inicios del cine de terror están relacionados con la llegada de las primeras películas mudas, y en particular con Georges Méliès, el director francés que realizó la primera película de terror jamás filmada, «Le Manoir du Diable» en 1896.

A lo largo de los años, muchos otros directores siguieron los pasos de Méliès, buscando cautivar la imaginación de los espectadores con historias de monstruos, fantasmas y criaturas aterradoras. Entre ellos se encuentran nombres como F.W. Murnau, quien dirigió la película expresionista alemana «Nosferatu» en 1922, y James Whale, quien dirigió «Frankenstein» en 1931.

Las décadas de 1930 a 1950 fueron la edad de oro del cine de terror, con directores como Tod Browning, quien dirigió «Drácula» en 1931, y Jacques Tourneur, quien dirigió «Cat People» en 1942. Estas películas sentaron las bases del género, estableciendo las convenciones que todavía se utilizan en las películas de terror hoy en día, como la atmósfera sombría, los efectos de sonido y la iluminación tenue.

Las décadas de 1960 y 1970 vieron el surgimiento de una nueva ola de directores, como Roman Polanski, quien dirigió «Rosemary's Baby» en 1968, y George Romero, quien dirigió «Night of the Living Dead» en 1968, considerada la primera película de zombies. Estos directores aportaron una visión más sutil y compleja del género, explorando temas como la paranoia, la alienación y la pérdida de control.

En las décadas de 1980 y 1990, el slasher y el terror psicológico se apoderaron del género, con directores como Wes Craven, quien dirigió «A Nightmare on Elm Street» en 1984, y David Cronenberg, quien dirigió «The Fly» en 1986. Estas películas introdujeron nuevos elementos en el género, como el humor negro, la ironía y el horror visceral.

Desde la década de 2000 hasta la actualidad, ha habido un renacimiento del género con directores como James Wan, quien dirigió «Saw» en 2004, y Jordan Peele, quien dirigió «Get Out» en 2017. Estos directores han aportado una visión más original e innovadora del género, combinando elementos del cine de terror con temas sociales y políticos.

Además de los directores y actores, también es importante mencionar a los guionistas y compositores que han contribuido a dar forma al género. Nombres como Richard Matheson, quien escribió «Soy leyenda», han aportado profundidad psicológica y emocional a las historias de terror, mientras que compositores como Bernard Herrmann han creado partituras inolvidables que han ayudado a aumentar la tensión y el miedo en las películas.

Las adaptaciones literarias

Las adaptaciones literarias siempre han sido una fuente de inspiración para el cine de terror. Desde los primeros días del cine, los directores han buscado adaptar historias aterradoras para la gran pantalla. Las adaptaciones literarias han permitido a los escritores de terror llegar a un público más amplio y han proporcionado al cine de terror historias ricas en detalles, personajes complejos e intrigas cautivadoras.

Una de las adaptaciones literarias más destacadas del cine de terror es sin duda «Drácula» de Bram Stoker, adaptada por primera vez en 1931 por Tod Browning. La película presenta a Bela Lugosi en el papel del conde Drácula, quien se ha convertido en un icono del cine de terror y ha inspirado muchas adaptaciones posteriores. La novela de Stoker, publicada en 1897, es una historia gótica epistolar que explora el miedo a lo desconocido, a la muerte y a la sexualidad. La película de Browning mantuvo la esencia de la novela, pero también añadió elementos visuales impactantes, como los oscuros y siniestros decorados del castillo del conde.

Otro ejemplo de una exitosa adaptación de una novela de terror es «Frankenstein» de Mary Shelley, que fue adaptada por primera vez en 1931 por James Whale. La película presenta a Boris Karloff en el papel de la criatura creada por el Dr. Frankenstein. Al igual que con «Drácula», la película de Whale se mantuvo fiel a la esencia de la novela de Shelley al mismo tiempo que le añadía una dimensión visual y dramática. La novela de Shelley, publicada en 1818, es una historia gótica sobre la ambición desmedida del ser humano y las consecuencias de la creación de vida. La película de Whale resaltó el aspecto trágico del personaje de la criatura, que es rechazado por la sociedad y que busca desesperadamente encontrar un propósito en la vida.

Las adaptaciones literarias también han permitido al cine de terror explorar nuevos horizontes. Novelas de ciencia ficción como «El rapto de la novia» de Jack Finney se han adaptado en películas de suspenso de terror, mientras que cuentos populares como «Caperucita Roja» se han transformado en historias sangrientas de terror como «Un hombre lobo americano en Londres» de John Landis.

Sin embargo, no todas las adaptaciones literarias son iguales. Algunas son fieles al espíritu y tono de la obra original, mientras que otras toman libertades con la trama y los personajes. Algunas adaptaciones incluso pueden superar a la obra original, como en el caso de «El exorcista» de William Friedkin, que se considera una de las mejores películas de terror de todos los tiempos, aunque la novela de William Peter Blatty también es aclamada.

Las adaptaciones literarias continúan siendo una fuente de inspiración para el cine de terror actual. Las novelas de Stephen King, uno de los escritores de terror más conocidos y populares, se han adaptado en exitosas películas como «El resplandor», «It» y «Cementerio de animales». Las adaptaciones de las obras de King a menudo han logrado capturar la esencia del terror psicológico presente en sus novelas. Las adaptaciones cinematográficas de King también han ayudado a popularizar el cine de terror entre un público más joven, que ha descubierto al autor a través de películas como «It».

Otros autores de terror también han visto sus obras adaptadas con éxito al cine de terror, como H.P. Lovecraft, quien a menudo se considera uno de los escritores más influyentes en el campo del terror. Las adaptaciones cinematográficas de las obras de Lovecraft, como «Re-Animator» y «From Beyond», han logrado capturar la atmósfera oscura y opresiva que caracteriza sus escritos.

Las adaptaciones literarias también han permitido al cine de terror desarrollar una estética única y reconocible. Los directores a menudo han buscado recrear las imágenes y las atmósferas descritas en las novelas, al tiempo que añadían elementos visuales como la iluminación y los decorados para intensificar el miedo y el suspenso. Las adaptaciones literarias también han permitido a los directores dar vida a personajes memorables, como la criatura de Frankenstein o el conde Drácula, que se han convertido en iconos culturales.

Las películas emblemáticas y su impacto cultural

La sección sobre las películas emblemáticas del cine de terror es sin duda una de las más emocionantes y ricas en historia de esta forma de arte cinematográfico. Las películas de terror siempre han tenido un impacto cultural importante, influenciando no sólo a las películas posteriores, sino también a la cultura popular en general.

Como apasionado del cine de terror, es importante mencionar las películas que han dado forma al género, han abierto nuevas puertas e inspirado a una generación de directores. Comenzamos con «Psicosis» de Alfred Hitchcock en 1960. Considerada una de las películas más influyentes de todos los tiempos, «Psicosis» revolucionó el género del terror al introducir elementos de suspenso y terror psicológico. Esta película también es conocida por su famosa escena de la ducha, que se ha convertido en una de las más icónicas de la historia del cine. El éxito de «Psicosis» abrió el camino a una nueva ola de películas de terror que exploraron temas más oscuros y profundos.

Otra película que tuvo un impacto cultural importante es «La noche de los muertos vivientes» de George A. Romero en 1968. Esta película popularizó el género de las películas de zombies e influyó en muchos otros directores. Romero también fue aclamado por su tratamiento de temas sociales y políticos, al explorar las tensiones raciales y la guerra de Vietnam.

«El exorcista» de William Friedkin en 1973 es otra película emblemática del cine de terror que tuvo un impacto cultural importante. La película introdujo el tema de la posesión demoníaca y fue elogiada por su representación realista y impactante del exorcismo. También fue controvertida debido a su violencia gráfica y contenido blasfemo.

La película «Halloween» dirigida por John Carpenter en 1978 popularizó el género del slasher, que presenta a un asesino en serie que persigue y mata a sus víctimas de manera violenta. Esta película creó al icónico personaje de Michael Myers y fue seguida por muchas secuelas y remakes. La película también influyó en otros directores y creó un subgénero distinto dentro del cine de terror.

«Pesadilla en Elm Street» dirigida por Wes Craven en 1984 es otra película emblemática que tuvo un impacto cultural importante. Esta película popularizó al personaje de Freddy Krueger, un asesino en serie que acecha los sueños de sus víctimas. La película introdujo elementos de comedia negra en el género del terror y ha influido en muchas otras películas y series de televisión.

Por último, la película «El silencio de los corderos» dirigida por Jonathan Demme en 1991 es otra película emblemática del cine de terror que ha sido aclamada por su actuación excepcional y su cautivadora trama. Esta película popularizó al personaje del asesino en serie inteligente y carismático e influyó en muchas otras películas y series de televisión. También fue la primera película de terror en ganar el premio de la Academia a la Mejor Película, elevando así al género al estatus de arte.

Estas películas emblemáticas han tenido un impacto cultural importante e han influido en muchas otras películas de terror que les han seguido. También han demostrado que el género del terror puede ser utilizado para explorar temas sociales y políticos, como las tensiones raciales, la guerra de Vietnam o la psicología humana.

Por ejemplo, «Halloween» de John Carpenter fue elogiada por explorar temas de violencia adolescente y enfermedad mental. El personaje de Michael Myers representa una parte oscura de la humanidad que puede ser difícil de comprender y explicar. De manera similar, «El silencio de los corderos» de Jonathan Demme exploró la psicología de los asesinos en serie, ofreciendo una visión de sus motivaciones y comportamiento.

Estas películas también han inspirado a muchos otros directores a explorar temas similares en sus propias películas. Por ejemplo, «Scream» de Wes Craven, estrenada en 1996, utilizó los códigos y clichés del género de terror para explorar la cultura popular y las cuestiones de la juventud. La película fue elogiada por subvertir las expectativas y su humor negro.

En última instancia, las películas emblemáticas del cine de terror han dado forma al género y han demostrado que el terror puede ser utilizado para explorar temas profundos y universales. Estas películas también han inspirado a una generación de directores que han buscado empujar los límites del género y explorar nuevas narrativas y estéticas. El terror sigue siendo un género importante e influyente en el mundo del cine, y estas películas emblemáticas siguen siendo referentes para los directores y los aficionados del género.

La evolución del género

Los años 1930-1950: La edad de oro del cine de terror

Los años 1930 a 1950 fueron un período destacado para el cine de terror, y con razón. Las primeras películas del género ya se habían producido en la década de 1920, con clásicos como Nosferatu de F.W. Murnau, estrenada en 1922, pero fue en la década de 1930 cuando el género verdaderamente despegó, con la aparición de numerosas obras maestras que influirían en el género en las décadas venideras. Este período es a menudo considerado como la edad de oro del cine de terror, ya que vio el surgimiento de grandes directores y actores, así como avances tecnológicos que permitieron logros significativos en la realización de efectos especiales y la creación de ambientes terroríficos.

Entre los primeros grandes éxitos de esta época se encuentran las películas Drácula y Frankenstein de Universal Pictures. Drácula, dirigida por Tod Browning y estrenada en 1931, con Bela Lugosi en el papel principal, marcó el surgimiento de un ícono del cine de terror, el vampiro, y sentó las bases del género gótico, que seguiría influenciando el cine de terror durante décadas. Frankenstein, dirigida por James Whale y estrenada el mismo año, fue aclamada por sus actuaciones, sus escenografías góticas y su conmovedor guion. La película también fue elogiada por su capacidad para generar empatía hacia la criatura de Frankenstein, interpretada por Boris Karloff, a pesar de su apariencia monstruosa.

Estas dos películas marcaron el comienzo de la edad de oro del cine de terror. Los años siguientes vieron el surgimiento de otros clásicos, como El hombre lobo, dirigida por George Waggner en 1941, que fue la primera película en presentar una transformación visual completa del hombre en lobo. Esta película fue un gran éxito, en parte gracias a la interpretación del actor Lon Chaney Jr., quien aportó profundidad emocional a su atormentado personaje.

Los años 30-50 también se caracterizaron por el surgimiento de subgéneros específicos, como el de la momia, con La momia, dirigida por Karl Freund en 1932 y protagonizada por Boris Karloff. La película fue aclamada por sus actuaciones, sus escenografías góticas y su ambiente siniestro, y sirvió de inspiración para muchas películas similares en los años posteriores.

Además de las películas de monstruos, este período también vio el surgimiento de grandes directores y actores del género de terror, como James Whale, Tod Browning, Boris Karloff, Bela Lugosi, Vincent Price y Christopher Lee. Estos talentos continuaron trabajando en el género y contribuyeron a su popularidad e influencia en las décadas siguientes.

Por último, los años 1930 a 1950 también estuvieron marcados por el uso de la tecnología para lograr efectos especiales espectaculares, especialmente en películas de monstruos como King Kong en 1933 y The Blue Lagoon en 1949.

Los avances tecnológicos permitieron la creación de atmósferas aterradoras, como en The Most Dangerous

Game, dirigida por Ernest B. Schoedsack en 1932, donde la creación de un entorno de densa selva amenazante contribuyó a la atmósfera de horror.

Además de estos avances técnicos, los años 30-50 también vieron el surgimiento de efectos especiales más sofisticados, como máscaras de goma, muñecos animados y maquetas detalladas. Estas herramientas permitieron a los directores de terror crear monstruos más realistas y aterradores, lo que contribuyó a sumergir a los espectadores en el mundo del horror.

Además, la edad de oro del cine de terror también estuvo marcada por el aumento de la censura y la regulación, que comenzaron a afectar la producción de películas de terror desde los años 30. La Administración del Código de Producción (PCA) se creó en 1930 para regular la producción cinematográfica y establecer estándares de decencia, prohibiendo escenas de violencia y sexo explícito. Esto llevó a los directores a utilizar efectos de sugerencia en lugar de mostrar directamente los actos más horribles, lo que paradójicamente aumentó la tensión y la atmósfera de horror.

Los años 1960-1970: La nueva ola del cine de terror

Los años 1960 y 1970 fueron un período crucial en la historia del cine de terror, donde se produjo una nueva ola de talentosos e innovadores directores. Durante este tiempo, surgieron nuevos estilos y subgéneros de películas de terror que dejaron una marca permanente y que inspiraron a generaciones futuras de cineastas.

La Nouvelle Vague francesa, que comenzó en la década de 1950 y se extendió hasta principios de la década de 1960, tuvo un gran impacto en el cine de terror. Los directores de la Nouvelle Vague, como François Truffaut, Jean-Luc Godard y Claude Chabrol, introdujeron nuevas técnicas narrativas y de puesta en escena en sus películas, que también se aplicaron al género de terror. Durante este período, surgieron películas de terror como «Eyes Without a Face» de Georges Franju en 1960, que introdujo la estética gótica en el género del horror y creó una atmósfera oscura y lúgubre a través del uso de la iluminación y la fotografía.

Los años 1960 también vieron el surgimiento de directores británicos que hicieron películas clásicas de terror como «Peeping Tom» de Michael Powell en 1960 y «The Innocents» de Jack Clayton en 1961. Estas películas exploraron temas de psicología, ansiedad y sexualidad, lo que ayudó a redefinir el género y creó una audiencia más madura para el cine de terror.

En la década de 1970, el cine de terror experimentó una transformación radical con la llegada de una nueva generación de directores estadounidenses que empujaron los límites del género al explorar temas más oscuros y perturbadores. Directores como George A. Romero, Wes Craven y Tobe Hooper crearon películas que dejaron una huella imborrable en el género. «Night of the Living Dead» de Romero en 1968 fue un pionero en el uso de la violencia sangrienta, la sátira social y la política en el horror, y sentó las bases para el subgénero de las películas de zombies.

En la década de 1970, las películas de terror también exploraron temas de traumas infantiles, miedo a lo desconocido y violencia urbana. «The Texas Chainsaw Massacre» de Tobe Hooper en 1974 introdujo el concepto de «slasher» y estableció los códigos del género, como el uso de la violencia gráfica, una banda sonora inquietante y una atmósfera opresiva. «The Exorcist» de William Friedkin en 1973 también causó una gran impresión en el género al explorar el tema de la posesión demoníaca y utilizar efectos especiales innovadores para crear secuencias de horror inolvidables.

En la década de 1970, el cine de terror italiano también experimentó un período de gran creatividad con la aparición del subgénero llamado «giallo». Las películas de giallo introdujeron elementos de suspenso, asesinatos violentos y visuales sofisticados, con directores como Dario Argento y Mario Bava. Estas películas se hicieron famosas por su uso de iluminación colorida, ángulos de cámara inusuales y una banda sonora vanguardista para crear una atmósfera única y distintiva.

Fuera de Europa y Estados Unidos, los cineastas asiáticos también comenzaron a crear películas de terror innovadoras. Japón, en particular, produjo muchas películas de terror que influyeron en el género en su conjunto. Películas como «Onibaba» de Kaneto Shindô en 1964 introdujeron elementos del folclore japonés en el género, mientras que películas como «Kwaidan» de Masaki Kobayashi en 1964 crearon ambientes lúgubres e historias de fantasmas. Las películas de J-horror, como «Ringu» de Hideo Nakata en 1998, también fueron influenciadas por estas películas clásicas de terror y crearon su propio estilo único de horror.

Los años 1980-1990: Slasher y horror psicológico

Los años 1980 y 1990 marcaron un período importante en la historia del cine de terror con el surgimiento de dos subgéneros principales: el slasher y el horror psicológico. El slasher, también conocido como película de asesino en serie, se caracteriza por asesinatos sangrientos perpetrados por un asesino en serie, mientras que el horror psicológico se basa en miedos más íntimos y profundos.

El slasher alcanzó su apogeo en la década de 1980 con películas icónicas como Halloween, Viernes 13 y Pesadilla en Elm Street. Estas películas fueron criticadas por su violencia excesiva y su tratamiento sexista de los personajes femeninos, pero también fueron elogiadas por su capacidad para generar miedo en el público y su impacto cultural duradero. Estas películas establecieron un modelo que se ha replicado en numerosas ocasiones y ha evolucionado en la década de 1990, con películas como Scream que parodiaron y criticaron los tropos del género mientras los utilizaban a su favor.

El horror psicológico, por su parte, se desarrolló paralelamente al slasher, con películas como El resplandor y La matanza de Texas. Estas películas se centraron en la tensión psicológica y el terror mental en lugar de la violencia física. A menudo, fueron alabadas por su originalidad y su capacidad para explorar los miedos más profundos del ser humano, como la soledad, la locura y la obsesión.

Estos dos subgéneros también evolucionaron a lo largo de las décadas de 1980 y 1990, con películas como Hellraiser que fusionaron elementos de slasher y horror psicológico. Otras películas, como El hijo del diablo y La mosca, exploraron temas más complejos, como la pérdida de identidad y la transformación física.

Sin embargo, el género del terror también fue criticado por su falta de originalidad y su tendencia a repetir las mismas fórmulas. Además, algunas películas fueron acusadas de perpetuar estereotipos y prejuicios negativos sobre las mujeres, las minorías y las personas LGBTQ+. En este contexto, directores como Kathryn Bigelow, Mary Lambert y Clive Barker aportaron una nueva perspectiva y un enfoque diferente al género.

A pesar de estas críticas, los años 1980 y 1990 fueron un período crucial para el cine de terror, marcado por talentosos directores como Wes Craven, John Carpenter y David Cronenberg. Estos cineastas contribuyeron a dar forma al género tal como lo conocemos hoy en día, y su influencia sigue siendo evidente en las películas de terror contemporáneas.

En última instancia, el slasher y el horror psicológico contribuyeron a diversificar y enriquecer el género del terror en las décadas de 1980 y 1990. También plantearon cuestiones importantes sobre la representación y la diversidad en el cine de terror, e inspiraron a una nueva generación de directores a explorar temas más complejos y matizados.

Los años 2000 hasta la actualidad: El renacimiento del género

En la década de 2000, el cine de terror experimentó un espectacular renacimiento con películas que revitalizaron el género al explorar nuevos territorios, innovar estéticamente y sobrepasar los límites del terror cinematográfico.

Una de las películas más emblemáticas de este período es «The Ring» (2002), un remake estadounidense de la película japonesa «Ringu» (1998). La película dirigida por Gore Verbinski aportó un aire fresco al género al utilizar una estética depurada y minimalista, crear una tensión psicológica intensa y presentar una historia intrigante y aterradora. También popularizó el tema de la maldición a través de una cinta de video maldita que condena a la muerte a quien la vea.

Otras películas destacadas de esta época incluyen «Saw» (2004), dirigida por James Wan, que popularizó el subgénero del «torture porn», y «Hostel» (2005), dirigida por Eli Roth, que fue aclamada por su tratamiento del turismo macabro. Estas películas generaron debates sobre la violencia y la tortura en la pantalla, pero también demostraron que el cine de terror podía ser una fuerza innovadora y provocativa en el panorama cinematográfico.

La década de 2000 también vio el surgimiento del «found footage», un estilo de cine que imita el estilo de las cámaras de vigilancia o del documental amateur. La película «The Blair Witch Project» (1999) fue una de las precursoras de este género, pero fue la película «Paranormal Activity» (2007) la que popularizó este estilo, con su representación realista de una casa embrujada. Otras películas como «Cloverfield» (2008) y «REC» (2007) también utilizaron el «found footage» para crear una experiencia cinematográfica inmersiva y aterradora.

Finalmente, la década de 2000 se caracterizó por numerosas películas que exploraron temas de apocalipsis, post-apocalipsis y survival horror. Películas como «28 Days Later» (2002), «The Mist» (2007) y «The Road» (2009) presentaron visiones oscuras y pesadillescas del futuro de la humanidad, a menudo a través de personajes que se enfrentaban a horrores inimaginables y a elecciones desgarradoras.

En resumen, la década de 2000 fue un período rico y fecundo para el cine de terror, con películas que exploraron nuevos territorios y temas clásicos, utilizando enfoques novedosos y técnicas visuales ingeniosas. Este período demostró que el cine de terror puede ser un terreno fértil para la experimentación y la creatividad, al mismo tiempo que ofrece a los espectadores escalofríos inolvidables y pesadillas duraderas.

Subgéneros y temas recurrentes

El gótico y la atmósfera lúgubre

El tema gótico y la atmósfera lúgubre son dos elementos que tienen una importancia considerable en el cine de terror. La origen de este tema a menudo se atribuye a la obra literaria de Mary Shelley, Frankenstein o el moderno Prometeo, publicada en 1818. Esta novela presenta a un científico loco que, en su deseo de desafiar las leyes de la naturaleza, crea un ser monstruoso, que se considera la primera encarnación del monstruo de Frankenstein. Esta obra ha suscitado una fascinación por lo macabro y lo sobrenatural, que ha influido en muchos artistas, incluidos los directores de películas de terror.

El cine de terror ha utilizado el tema gótico para crear atmósferas oscuras, angustiantes y opresivas. Esta atmósfera se crea frecuentemente a través de escenarios góticos, castillos encantados, cementerios, catacumbas, iglesias abandonadas y aldeas aisladas. También se utilizan elementos visuales como velas encendidas, telas de araña, lápidas y crucifijos rotos para reforzar la atmósfera.

El uso del color también es importante en la creación de una atmósfera lúgubre. Las películas de terror suelen utilizar una paleta de colores oscuros y fríos, como el azul, el gris y el negro. Este uso de colores crea una atmósfera inquietante que refuerza la sensación de peligro y amenaza.

Además de la creación de una atmósfera gótica y lúgubre, el

tema gótico a menudo está asociado con personajes icónicos como el vampiro, el hombre lobo, el fantasma y la momia. Estos personajes suelen estar relacionados con historias de tragedias y maldiciones, que refuerzan el aspecto dramático del tema.

El tema gótico experimentó un renacimiento en las décadas de 1960 y 1970 con la popularidad de las películas de la Hammer Film Productions, una compañía de producción británica especializada en cine de terror. Estas películas a menudo presentaban escenarios góticos y personajes clásicos de la literatura gótica, como Drácula, Frankenstein, el Hombre Lobo y la Momia. Las películas de la Hammer también introdujeron una dosis de violencia y erotismo en el género, lo que renovó el interés del público por el cine de terror.

Hoy en día, el tema gótico sigue siendo un elemento importante en el cine de terror, aunque los directores a menudo utilizan variaciones modernas del género. Las películas de terror contemporáneas a menudo utilizan elementos góticos, como escenarios antiguos y personajes icónicos, pero a menudo los combinan con elementos modernos, como tecnología de vanguardia y redes sociales.

El gore y el horror visceral

El gore y el horror visceral son dos subgéneros populares del cine de terror conocidos por su representación gráfica de la violencia, la mutilación y los asesinatos. Las escenas sangrientas y las imágenes impactantes suelen tener como objetivo provocar una fuerte reacción emocional en el público, creando una atmósfera intensa y envolvente.

El término «gore» apareció por primera vez en las décadas de 1960 y 1970 para describir películas como «Blood Feast» (1963) y «Two Thousand Maniacs!» (1964) de Herschell Gordon Lewis. Estas películas presentaban escenas de violencia y mutilación extrema, y crearon un nuevo género cinematográfico que inspiraría a muchos directores de películas de terror.

El gore suele estar asociado con una estética sangrienta, que utiliza efectos especiales y maquillaje para crear efectos visuales impresionantes y a menudo realistas. Esta estética es característica de las películas «splatter», un subgénero del gore que destaca por sus efectos especiales y su violencia gráfica. Las películas «splatter» suelen ser consideradas las más extremas y violentas del género.

El horror visceral, por su parte, muestra imágenes fuertes y a menudo repugnantes que buscan provocar una intensa reacción emocional en el espectador. Las películas de horror visceral suelen estar caracterizadas por una estética brutal y realista, que puede incluir imágenes de cadáveres mutilados, sangre y vísceras.

El gore y el horror visceral a menudo han sido objeto de críticas por su naturaleza gráfica y violenta. Algunos críticos han acusado al género de glorificar la violencia y de ser moralmente reprochable. Sin embargo, otros han defendido el género, argumentando que estas películas solo reflejan la violencia de la sociedad contemporánea y ofrecen un espacio de catarsis para el público.

El género también ha influido en otras formas de arte, como los videojuegos y los cómics. Los videojuegos de lucha como «Mortal Kombat» se han inspirado en el gore y el horror visceral, y los cómics de terror como «The Walking Dead» han popularizado el género entre un público más amplio.

A pesar de la controversia que rodea al género, el gore y el horror visceral siguen siendo populares entre los amantes del cine. Películas como «Saw» (2004) y «Hostel» (2005) han tenido mucho éxito comercial, mientras que directores de cine como Quentin Tarantino y Robert Rodriguez han incorporado elementos de gore en su trabajo.

Las películas de monstruos y criaturas

Las películas de monstruos y criaturas son un subgénero emocionante y popular del cine de terror. Este subgénero se centra en criaturas aterradoras, a menudo fantásticas o imaginarias, cuyo objetivo es asustar al público. Las películas de monstruos y criaturas pueden estar inspiradas en la ciencia ficción, la fantasía, la mitología o el folclore.

Los monstruos y las criaturas pueden adoptar muchas formas diferentes en las películas de terror. Pueden ser animales mutantes, extraterrestres, zombies, vampiros, hombres lobo, fantasmas o incluso criaturas imaginarias como el Bigfoot o el monstruo de Frankenstein. Las películas de monstruos y criaturas a menudo se asocian a espectaculares efectos especiales que contribuyen a crear una atmósfera de terror y suspense. Las criaturas pueden ser creadas mediante disfraces y prótesis, efectos especiales en postproducción o incluso animaciones en 3D. Los efectos de sonido y la música también contribuyen a crear una atmósfera de terror y suspense.

Las películas de monstruos y criaturas han sido populares desde los inicios del cine de terror. Clásicos como «King Kong» (1933) y «Godzilla» (1954) tuvieron un gran éxito de taquilla e inspiraron muchas secuelas y remakes. Estas películas también pueden incluir elementos de ciencia ficción, como las películas de la saga «Alien» (1979) o la serie «Jurassic Park» (1993), que presentan criaturas fantásticas y aterradoras.

Otras películas destacadas incluyen «El lago azul» (1949), «Los pájaros» (1963), «La mosca» (1986) y «Temblores» (1990). En estas películas, las criaturas a menudo se presentan como enemigos que amenazan a los personajes humanos, creando así una tensión dramática y un suspense intenso.

Las películas de monstruos y criaturas también se prestan a adaptaciones de novelas y cómics populares. Por ejemplo, «Tiburón» (1975) de Steven Spielberg está basada en la novela de Peter Benchley, mientras que «Batman» (1989) de Tim Burton es una adaptación del cómic de Bob Kane.

Las películas de monstruos y criaturas también han inspirado juguetes, videojuegos, libros y cómics. Franquicias como Godzilla, Jurassic Park y Alien han creado productos derivados populares y han influido en la cultura popular.

Por último, las películas de monstruos y criaturas tienen un lugar importante en la historia del cine de terror. Estas películas han logrado cautivar al público con criaturas aterradoras, efectos especiales impresionantes e historias imaginativas. También han inspirado a muchos directores a crear películas de terror originales e innovadoras. Las películas de monstruos y criaturas son un subgénero imprescindible del cine de terror y continúan haciendo estremecer a los espectadores de todo el mundo.

Las películas de zombis y de invasión

El tema de los zombis y las invasiones es uno de los subgéneros más emblemáticos y populares del cine de terror. Las películas de zombis y de invasión se caracterizan por situaciones en las que una multitud de personas, que antes eran humanas, se convierten en muertos vivientes o en criaturas monstruosas e invaden una ciudad, un país e incluso el planeta entero. En esta sección, vamos a explorar los orígenes, los temas y las técnicas de las películas de zombis y de invasión, así como su impacto en la cultura popular.

Los orígenes de las películas de zombis se remontan a la cultura vudú de Haití, donde los zombis eran personas resucitadas por un hechicero. Las primeras películas de zombis, como «White Zombie» (1932) y «I Walked with a Zombie» (1943), fueron influenciadas por esta cultura. Sin embargo, no fue hasta los años 60 cuando el director George A. Romero revolucionó el género con su película «Night of the Living Dead» (1968), que presentó por primera vez muertos vivientes que se alimentaban de carne humana. Esta película abrió el camino a muchas otras películas de zombis, como «Dawn of the Dead» (1978), «28 Days Later» (2002) y «World War Z» (2013).

Las películas de invasión, por su parte, a menudo han sido influenciadas por los miedos asociados a la Guerra Fría y al apocalipsis nuclear. Películas como «La guerra de los mundos» (1953) y «La invasión de los ladrones de cuerpos» (1956) presentaban invasores extraterrestres, mientras que otras como «Ultimátum a la Tierra» (1951) y «La Amenaza de Andrómeda» (1971) mostraban las consecuencias de la tecnología en la humanidad. Más recientemente, películas como «Independence Day» (1996) y «La guerra de los mundos» (2005) han presentado invasiones extraterrestres a gran escala.

Las películas de zombis y de invasión a menudo han sido utilizadas para explorar temas más profundos, como el miedo a la muerte, el aislamiento, la locura y la destrucción de la sociedad. Las películas de zombis, en particular, a menudo se han utilizado para explorar temas políticos y sociales, como el racismo y la corrupción gubernamental. La película «Night of the Living Dead», por ejemplo, presentó a un protagonista negro, lo cual fue una decisión audaz y revolucionaria en ese momento.

Técnicamente, las películas de zombis y de invasión se caracterizan a menudo por escenas de batallas épicas, efectos especiales sangrientos y maquillajes aterradores. Las escenas de multitudes caóticas son comunes en ambos géneros, y muchas películas han sido realizadas con un presupuesto limitado, lo que ha llevado a un uso creativo de la cámara y los decorados. Las películas de invasión a menudo han utilizado efectos especiales para mostrar a los invasores extraterrestres y sus naves espaciales, mientras que las películas de zombis a menudo han utilizado efectos especiales para mostrar la transformación de los humanos en muertos vivientes.

Finalmente, las películas de zombis y de invasión han tenido un impacto significativo en la cultura popular. Los zombis, en particular, se han convertido en un fenómeno de la cultura popular con series de televisión exitosas como «The Walking Dead», videojuegos como «Resident Evil» y novelas como «World War Z» de Max Brooks. Las películas de invasión también han inspirado videojuegos como «XCOM» y series de televisión como «Falling Skies».

Lo paranormal y las historias de fantasmas

La sección sobre lo paranormal y las historias de fantasmas en el cine de terror es un componente importante del género que ha cautivado a los espectadores durante décadas. Las historias de fantasmas tienen una larga historia como forma literaria, pero fue en el cine de terror donde el tema realmente despegó.

Las historias de fantasmas han sido fuente de fascinación para los seres humanos desde los albores de la civilización. En el cine de terror, las historias de fantasmas se han desarrollado en un subgénero distintivo y prolífico que ha suscitado una amplia gama de reacciones emocionales entre los espectadores. La popularidad de este subgénero se debe en parte a la capacidad de las historias de fantasmas para explorar temas profundos como el duelo, la pérdida y el arrepentimiento.

Las historias de fantasmas a menudo están asociadas con lugares embrujados, casas o castillos donde han ocurrido eventos trágicos. Estos lugares suelen presentarse como sitios de trauma que han dejado una huella emocional residual, que se percibe como una presencia sobrenatural. Los personajes principales en estas películas suelen ser personas que buscan enfrentar eventos traumáticos de su pasado, que vuelven para acosarlos en forma de fantasmas. La película «Los otros» de Alejandro Amenábar es un ejemplo notable de esta aproximación.

El tema de las historias de fantasmas en el cine de terror se conoce por su uso hábil de la tensión y el suspenso. Los directores a menudo crean escenas aterradoras utilizando trucos de cámara, como planos cercanos, movimientos rápidos de cámara y cortes bruscos. Las historias de fantasmas obtienen su poder del miedo a lo desconocido, de la anticipación y de la sugerencia en lugar de la violencia y el gore.

Las películas clásicas como «The Haunting» y «The Innocents» eran conocidas por su uso de la sugerencia y el misterio, mientras que las películas más recientes como «The Conjuring» y «Insidious» recurren a efectos visuales y sonoros para crear escenas aterradoras. Las historias de fantasmas en el cine de terror también son conocidas por su uso de la música, que puede desempeñar un papel crucial en la creación de la atmósfera y el suspenso. Las composiciones musicales discretas pueden intensificar la atmósfera de tensión, mientras que las notas más fuertes y dramáticas pueden acompañar los momentos de revelación o de puro miedo.

El tema de las historias de fantasmas en el cine de terror ha experimentado cambios significativos a lo largo de los años. Las películas clásicas eran conocidas por su uso de la sugerencia y el misterio, mientras que las películas más recientes han recurrido a efectos visuales y sonoros para crear escenas aterradoras. Sin embargo, a pesar de estas diferencias, todas las películas de fantasmas comparten un elemento común: la convicción de que algo sobrenatural está en juego y que los personajes deben enfrentarlo.

De hecho, las historias de fantasmas en el cine de terror pueden verse como una metáfora de nuestros miedos más profundos, de nuestros temores a lo desconocido y de nuestra lucha por comprender nuestro lugar en el mundo. Los fantasmas pueden representar eventos del pasado que siguen acosando a los personajes, secretos ocultos o emociones reprimidas. También pueden representar fuerzas sobrenaturales que están más allá de nuestra comprensión y control, dejándonos vulnerables y asustados.

El survival horror y el horror postapocalíptico

El survival horror y el horror postapocalíptico son dos subgéneros emocionantes y cada vez más populares en el mundo del cine de terror. Permiten explorar temas como la supervivencia, la lucha por la vida y el enfrentamiento con lo desconocido en situaciones extremas. Estos subgéneros también son interesantes porque exploran las consecuencias del colapso de la sociedad y la lucha por la supervivencia en un mundo donde las normas sociales y morales han sido trastocadas.

El survival horror es un subgénero que se centra en la supervivencia en situaciones extremas, generalmente causadas por eventos inesperados como una epidemia, un desastre natural o una invasión de criaturas sobrenaturales. Los personajes se enfrentan a duras condiciones de vida y deben enfrentarse a enemigos peligrosos e impredecibles para mantenerse con vida. Las películas de survival horror crean una atmósfera estresante e inmersiva a través de técnicas cinematográficas como escenarios oscuros y desaturados, efectos de sonido inquietantes y un uso hábil de los ángulos de la cámara.

Por otra parte, el horror postapocalíptico se centra en las consecuencias de un evento catastrófico, como una guerra nuclear, una pandemia o un desastre ecológico, que ha destruido la sociedad tal como la conocemos. Los personajes se enfrentan a situaciones de supervivencia en un mundo donde los recursos son limitados y las relaciones sociales están trastocadas. Las películas de horror postapocalíptico exploran temas como la soledad, la paranoia, el miedo a lo desconocido y el enfrentamiento con el otro.

Los temas recurrentes en estos subgéneros incluyen la soledad, la paranoia, el miedo a lo desconocido y al otro, la búsqueda de alimentos y agua, la supervivencia frente a los elementos naturales, así como el enfrentamiento

con enemigos peligrosos e impredecibles. Las películas
de survival horror y de horror postapocalíptico a menudo
presentan a los personajes con dilemas morales difíciles, ya
que se enfrentan a situaciones complejas mientras luchan
por sobrevivir.

Estos subgéneros también están relacionados con otros
géneros como la ciencia ficción, el thriller y el cine de
acción. Las películas de zombis, por ejemplo, suelen ser una
combinación de survival horror y cine de acción, mientras
que las películas postapocalípticas pueden incluir elementos
de ciencia ficción o distopía.

En términos de técnicas cinematográficas, las películas de
survival horror y de horror postapocalíptico a menudo utilizan
imágenes oscuras y desaturadas, escenarios abandonados y
efectos sonoros estresantes para sumergir al espectador en
un mundo hostil y aterrador. La tensión narrativa también se
refuerza con elecciones de cámara y planos de montaje que
aumentan el miedo y la ansiedad.

En resumen, el survival horror y el horror postapocalíptico son
subgéneros del cine de terror que ofrecen una perspectiva
única sobre la supervivencia y la lucha por la vida en
situaciones extremas. Permiten explorar temas profundos
y universales como la naturaleza humana, la solidaridad,
el miedo y la resistencia. Además, estos subgéneros han
contribuido a la evolución del género de terror al ofrecer
nuevas perspectivas y desafiar los límites de la imaginación.

El horror psicológico y los thrillers

El horror psicológico y los thrillers son subgéneros del cine de terror que han captado la atención de los espectadores durante varias décadas. Estas películas utilizan tácticas sutiles para provocar una tensión emocional intensa en el espectador, creando una experiencia cinematográfica cautivadora y memorable.

El thriller psicológico se centra en los conflictos internos de los personajes en lugar de en elementos sobrenaturales o de terror físico. Las películas de este género juegan con los miedos profundos del público utilizando situaciones o personajes que cuestionan su propia realidad. Los thrillers psicológicos a menudo presentan tramas complejas y personajes ambiguos, lo que añade una dimensión adicional a la tensión psicológica.

Uno de los ejemplos más icónicos de thriller psicológico es la película «Psicosis» de Alfred Hitchcock, estrenada en 1960. La película cuenta la historia de Marion Crane, una secretaria que roba dinero y se refugia en un motel aislado dirigido por Norman Bates, un joven perturbado. La película utiliza una trama compleja y una narración no convencional para crear una tensión psicológica que culmina en una memorable escena de la ducha.

Las películas de horror psicológico, por su parte, se centran en los miedos y las angustias profundas del espectador, en lugar de en elementos sobrenaturales. Estas películas a menudo utilizan situaciones o personajes que parecen normales y familiares, pero que ocultan aspectos oscuros y aterradores. Las películas de horror psicológico pueden utilizar elementos de la trama para hacer reflexionar al espectador sobre sus propios miedos y angustias.

Uno de los ejemplos más conocidos de película de horror psicológico es «El resplandor» de Stanley Kubrick, estrenada en 1980. La película cuenta la historia de Jack Torrance, un escritor en dificultades que acepta un trabajo como cuidador de invierno en un hotel aislado con su familia. La película utiliza el aislamiento, la locura y el miedo a lo desconocido para crear una tensión psicológica intensa.

Las películas de horror psicológico y los thrillers a menudo utilizan técnicas cinematográficas complejas para crear una tensión emocional en el espectador. La puesta en escena, el montaje, la música y la actuación son todos elementos clave para crear la atmósfera adecuada. Los directores de estas películas pueden utilizar planos de cámara cercanos, transiciones abruptas y una banda sonora oscura para crear un ambiente inquietante y aterrador.

Sin embargo, las películas de horror psicológico y los thrillers van mucho más allá de las técnicas cinematográficas. También exploran temas profundos como la locura, la paranoia, la pérdida de control, la dualidad humana, la manipulación mental y muchos otros. Utilizando estos temas, los directores pueden generar reflexiones en los espectadores y hacerles cuestionar su propia realidad.

El thriller psicológico «El silencio de los corderos» de Jonathan Demme, estrenado en 1991, es un ejemplo sobresaliente de una película que explora temas profundos. La película sigue

la investigación de Clarice Starling, una joven agente del
FBI, para dar caza a un asesino en serie caníbal, Hannibal
Lecter, quien también resulta ser un brillante psiquiatra. La
película aborda temas como la dualidad humana, la empatía,
la manipulación mental, la violencia y la sexualidad, creando
una tensión psicológica que va más allá de la trama.

Las películas de horror psicológico y los thrillers también
pueden explorar temas sociales y políticos contemporáneos.
La película «Déjame salir» de Jordan Peele, estrenada en
2017, es un ejemplo destacado de una película de horror
psicológico que aborda cuestiones de raza y racismo. La
película sigue la historia de Chris, un joven negro, que visita a
los padres de su novia blanca durante un fin de semana. Allí
comienza a descubrir secretos aterradores sobre su familia
política, quienes llevan a cabo experimentos quirúrgicos para
trasplantar cerebros blancos en cuerpos negros. La película
utiliza una narrativa compleja y metáforas subversivas para
explorar cuestiones de discriminación racial y privilegio
blanco.

Las películas de horror psicológico y los thrillers también han
influido en otras formas de arte y cultura popular. Series de
televisión como «Twin Peaks» de David Lynch, «Black Mirror»
de Charlie Brooker o «Hannibal» de Bryan Fuller han utilizado
elementos del horror psicológico y del thriller para cautivar
a su público. Además, las novelas y los cómics también
han sido influenciados por estos géneros cinematográficos,
especialmente en obras como «La noche de los tiempos» de
René Barjavel, «El silencio de los corderos» de Thomas Harris
o «Watchmen» de Alan Moore.

Por último, las películas de horror psicológico y los thrillers
han experimentado un importante resurgimiento en los
últimos años gracias a la aparición de nuevos directores
y nuevas tecnologías. Películas como «Hereditary» de Ari
Aster, «Déjame salir» de Jordan Peele, «Nosotros» también de
Jordan Peele, «Midsommar» de Ari Aster, «Madre!» de Darren
Aronofsky o «Perdida» de David Fincher han sido aclamadas
por la crítica por su capacidad para explorar temas profundos
mientras crean una tensión psicológica intensa.

Técnicas y estética del cine de terror

La dirección y la dirección artística

La dirección y la dirección artística son elementos cruciales para el éxito de una película de terror. Su función es crear una atmósfera angustiante y una estética aterradora que sumerja al espectador en el universo de la película. Para lograrlo, los directores de cine de terror utilizan técnicas específicas que varían según los subgéneros y temas abordados.

La dirección se refiere a la forma en que el director organiza el espacio, los movimientos y los ángulos de cámara en las escenas. En las películas de terror, la dirección se caracteriza a menudo por planos cerrados, movimientos de cámara sutiles, ángulos de visión inquietantes y un uso ingenioso de la luz y la oscuridad. Por ejemplo, un movimiento de cámara lento y constante que sigue a un personaje que avanza por un pasillo oscuro puede generar una sensación de tensión y aprehensión en los espectadores.

La dirección artística, por su parte, es responsable del aspecto visual de la película, como los escenarios, los vestuarios, el maquillaje y los efectos especiales. Las películas de terror a menudo juegan con la estética del horror para crear una atmósfera macabra y aterradora. Los colores oscuros, los escenarios lúgubres, los vestuarios terroríficos, los efectos especiales y el maquillaje escalofriante son solo algunos de los elementos que contribuyen a la atmósfera angustiante de una película de terror. Por ejemplo, los efectos especiales pueden utilizarse para crear escenas de muerte atroces o dar vida a criaturas aterradoras.

Además de la dirección y la dirección artística, el sonido también es clave en la creación de la atmósfera de una película de terror. Los sonidos inquietantes, la música lúgubre y los silencios opresivos pueden contribuir a generar una tensión palpable. Por ejemplo, una música inquietante puede utilizarse para resaltar una escena aterradora o un momento de suspenso, mientras que el silencio puede utilizarse para crear un efecto de sorpresa.

La dirección y la dirección artística también son responsables de la creación de personajes memorables y aterradores. Los monstruos, los asesinos en serie y los fantasmas son ejemplos de personajes que pueden asustar al público. Para que estos personajes resulten creíbles, los directores de cine de terror deben otorgarles una apariencia aterradora, pero también una personalidad y una historia que los hagan plausibles.

Por último, es importante destacar que la dirección y la dirección artística varían considerablemente según los subgéneros y temas abordados. Por ejemplo, las películas de terror góticas a menudo se centran en el uso de escenarios oscuros y vestuarios elegantes para crear una atmósfera gótica y romántica. En cambio, las películas de zombis pueden enfocarse en el uso de maquillaje y efectos especiales para crear zombis aterradores y desgarrados.

De la misma manera, los subgéneros del terror psicológico y

el thriller se centran más en el uso de la tensión narrativa y la psicología de los personajes que en los efectos visuales. En estas películas, la dirección puede utilizar planos cercanos para resaltar las expresiones faciales y las emociones de los personajes, o planos alejados para mostrar a los personajes en un entorno aislado y opresivo.

La fotografía y la iluminación

La fotografía y la iluminación son elementos esenciales para crear una atmósfera terrorífica en el cine de terror. La forma en que una escena está iluminada puede afectar significativamente cómo la percibe el público y puede generar una gama de emociones que van desde el miedo hasta la angustia. Los directores de cine de terror suelen utilizar una variedad de técnicas para crear efectos visuales impactantes y aterradores.

Una técnica común utilizada en el cine de terror es el juego de luces y sombras. Las sombras se utilizan a menudo para crear una atmósfera inquietante y opresiva, especialmente en escenas de horror y suspenso. Las fuentes de luz suelen colocarse de manera que destaquen las características más aterradoras de un personaje o un lugar, como una figura oscura y amenazadora en un bosque denso y oscuro.

La elección de los colores utilizados en la película también es importante para el efecto final. Los colores cálidos y brillantes, como el rojo y el naranja, se utilizan a menudo para simbolizar la violencia y el terror, mientras que los colores fríos y oscuros, como el azul y el verde, se utilizan a menudo para crear una atmósfera inquietante y macabra. Los colores también pueden ser utilizados para diferenciar personajes y temas, como asociar un color específico con un personaje o una situación aterradora.

Además, el uso de diferentes ángulos de cámara y planos también puede afectar la percepción del público del horror en una película. Los planos cercanos pueden crear tensión e intimidad, lo cual puede resultar muy aterrador, mientras que los planos generales pueden ofrecer una vista panorámica de una situación horrorosa.

En resumen, la fotografía y la iluminación son elementos clave para crear la atmósfera y la tensión necesarias para una película de terror exitosa. Los directores de cine de terror utilizan una variedad de técnicas para crear efectos visuales aterradores que pueden generar emociones intensas en el público. El uso de sombras y luces, colores, ángulos de cámara y planos, y otras técnicas visuales puede ayudar a crear una experiencia aterradora y memorable para los espectadores.

Los efectos especiales y el maquillaje

Los efectos especiales y el maquillaje siempre han sido elementos clave del cine de terror, permitiendo a los directores crear escenas aterradoras y monstruos creíbles para sumergir al público en un mundo de horror. Desde las primeras películas de terror mudas, los efectos especiales se han utilizado para generar fuertes emociones en los espectadores. Los avances tecnológicos han permitido a los directores de terror empujar los límites de los efectos especiales y crear películas cada vez más inmersivas y aterradoras.

Los efectos especiales se dividen en dos categorías: efectos prácticos y efectos visuales. Los efectos prácticos se crean en el set de rodaje utilizando maquillaje, prótesis y accesorios. Los efectos visuales, por otro lado, se crean en la postproducción utilizando computadoras y software especializados.

El maquillaje es uno de los aspectos más importantes de los efectos prácticos en el cine de terror. Los maquilladores de terror son a menudo talentosos artistas con la capacidad de transformar a los actores en monstruos aterradores. Utilizan técnicas avanzadas de maquillaje, como molduras, látex y silicona, para crear prótesis que se pueden sujetar al rostro de los actores.

Los maquilladores también pueden utilizar efectos especiales, como lentes de contacto especiales para crear ojos monstruosos y dientes de silicona para crear mandíbulas aterradoras. Las heridas y cicatrices también se pueden crear utilizando maquillaje, sangre falsa y accesorios.

Los efectos prácticos también se utilizan para crear criaturas y monstruos fantásticos para películas de terror. Los maquilladores a menudo utilizan esculturas y maquetas para crear modelos tridimensionales de las criaturas, que luego se utilizan para crear moldes para las prótesis de látex o silicona. También pueden usar accesorios como alas o colas para completar el aspecto de un personaje.

Los efectos visuales también son muy importantes para el cine de terror. Los efectos visuales permiten crear efectos especiales que serían imposibles de lograr utilizando solo efectos prácticos. Los efectos visuales se pueden utilizar para agregar elementos como explosiones, criaturas fantásticas y paisajes aterradores a una escena.

Los efectos visuales también se pueden utilizar para mejorar los efectos prácticos. Por ejemplo, los efectos visuales se pueden utilizar para agregar humo o niebla a una escena, o para cambiar el color o la textura de las prótesis.

Es importante destacar que los efectos especiales y el maquillaje se utilizan no solo para crear monstruos y criaturas aterradoras, sino también para crear una ambientación y una atmósfera terrorífica en la película. Los maquilladores y los especialistas en efectos especiales trabajan en estrecha colaboración con los directores para asegurarse de que los efectos visuales y prácticos se ajusten a la visión de la historia y los personajes.

Los efectos especiales y el maquillaje también se utilizan para crear efectos de gore y hemoglobina en las películas de terror. Los maquilladores pueden utilizar materiales como sangre falsa, tripas de látex y miembros amputados para crear escenas de violencia gráfica y sangrienta.

El trabajo de los maquilladores y los especialistas en efectos especiales a menudo es desconocido para el público en general, pero su contribución es esencial para la creación de una película de terror exitosa. Los directores de terror a menudo recurren a equipos especializados en efectos especiales para dar vida a sus visiones terroríficas.

Además, los avances tecnológicos han permitido a los directores de terror crear efectos especiales más avanzados y realistas, utilizando computadoras y software especializados. Los efectos visuales se pueden utilizar para crear criaturas fantásticas y paisajes aterradores, así como para mejorar los efectos prácticos.

Sin embargo, a pesar del creciente uso de efectos visuales, muchos directores de terror siguen prefiriendo los efectos prácticos para crear monstruos y escenas de terror creíbles e inmersivas. Los efectos prácticos permiten a los actores reaccionar ante objetos y criaturas tangibles, lo que puede mejorar la calidad de las actuaciones y aumentar la emoción experimentada por los espectadores.

El sonido y la música

La música y el sonido desempeñan un papel crucial en el cine de terror. Son elementos clave para crear una atmósfera, evocar emociones y aumentar el impacto de las imágenes en la pantalla. La música se puede utilizar para crear temas memorables para los personajes o las escenas. También se puede utilizar para crear un contraste entre una escena tranquila y una escena aterradora. Del mismo modo, los efectos de sonido pueden dar vida a monstruos y criaturas, o aumentar la tensión en momentos de suspenso.

En las primeras películas de terror, la música a menudo se interpretaba en directo por una orquesta o un pianista,

ya que aún no existía la banda sonora. Las primeras
bandas sonoras grabadas se realizaron en 1927, pero
fue en la década de 1930 cuando la música se convirtió
en un elemento importante en las películas de terror. Los
compositores comenzaron a crear temas musicales para
las películas de terror, como las famosas músicas de
«Frankenstein» (1931) y «Drácula» (1931). La música de
Bernard Herrmann para «Psicosis» (1960) se convirtió en una
de las bandas sonoras más famosas y emblemáticas de la
historia del cine de terror.

A lo largo de los años, los directores han experimentado con
diferentes estilos musicales para acompañar las películas
de terror. Algunos han utilizado música clásica o sinfónica,
mientras que otros han optado por géneros más modernos
como el rock o la música electrónica. La música de John
Carpenter para «Halloween» (1978) es un ejemplo de música
sintética que dejó huella en la historia del cine de terror. Ha
influido en muchas otras películas de terror de la década de
1980.

Los efectos de sonido también son esenciales para crear
una atmósfera aterradora en las películas de terror. Los
sonidos de pasos, chirridos de puertas y gritos pueden
aumentar la tensión en momentos de suspenso. Los sonidos
de monstruos y criaturas deben ser realistas para dar vida
a estos personajes en la pantalla. Las películas de terror
modernas también han utilizado efectos de sonido para
crear ambientes sonoros inmersivos, como en «It Follows»
(2014), donde la música y los sonidos de ambiente crean una
atmósfera angustiante.

Por último, la forma en que la música y los efectos de sonido se utilizan en el montaje y el ritmo narrativo puede tener un impacto significativo en el resultado final. El sonido se puede utilizar para crear transiciones fluidas entre escenas o para crear cortes abruptos y impactantes. Los directores también pueden utilizar la música para desestabilizar al espectador, utilizando motivos sonoros inesperados o introduciendo sonidos discordantes para crear tensión.

El montaje y el ritmo narrativo

El montaje y el ritmo narrativo son elementos clave del cine de terror que permiten crear una experiencia cinematográfica inmersiva y aterradora para el público. Estas técnicas se utilizan para manipular las emociones del espectador, creando momentos de tensión, suspenso, terror y catarsis.

El montaje consiste en ensamblar diferentes tomas y secuencias de una película para crear una historia coherente y fluida. En el cine de terror, el montaje se utiliza para crear transiciones inesperadas, efectos sorpresa y para mostrar lo invisible. Los directores pueden utilizar el montaje rápido para mostrar escenas de violencia o para crear un efecto de pánico, mientras que el montaje lento puede utilizarse para crear una atmósfera opresiva y un sentido de anticipación.

El ritmo narrativo también es un elemento importante en la creación de una atmósfera aterradora. Se refiere al ritmo y al tiempo del desarrollo de la historia, que puede variar desde lento y tranquilo hasta rápido y caótico. Un ritmo lento puede utilizarse para crear una sensación de incomodidad y suspenso, mientras que un ritmo rápido puede utilizarse para crear una sensación de caos y pánico.

En el cine de terror, el montaje y el ritmo narrativo se utilizan para revelar el horror de manera progresiva. Los directores pueden utilizar estas técnicas para mostrar la tensión y el miedo que sienten los personajes. Por ejemplo, en la película «The Babadook», la directora Jennifer Kent utiliza un ritmo lento para revelar gradualmente al monstruo que acecha al personaje principal, Amelia. Este ritmo lento permite que el público sienta el mismo miedo y terror que el personaje principal.

Los directores también pueden utilizar el montaje y el ritmo narrativo para crear momentos de catarsis y redención en el cine de terror. Por ejemplo, en la película «Get Out», el director Jordan Peele utiliza el montaje y el ritmo narrativo para crear un clímax aterrador, seguido de un momento de redención y liberación.

Además de crear una atmósfera aterradora, el montaje y el ritmo narrativo también pueden servir para evocar emociones más complejas y matizadas. Por ejemplo, en la película «The Silence of the Lambs», el director Jonathan Demme utiliza un montaje cerrado para crear una atmósfera opresiva y un ritmo lento para permitir que el público sienta la angustia del personaje principal, Clarice Starling. También utiliza un ritmo rápido y caótico para mostrar momentos de violencia.

El cine de terror en todo el mundo

El cine de terror estadounidense

El cine de terror estadounidense es uno de los géneros más populares, influyentes y rentables de la industria cinematográfica estadounidense. Desde las primeras películas de terror mudas hasta la actualidad, los directores estadounidenses han creado algunas de las películas más aterradoras, memorables e icónicas del género.

Una de las razones por las que el cine de terror estadounidense ha tenido tanto éxito es la capacidad de los directores para capturar los miedos y las angustias de la sociedad estadounidense en un determinado momento. Han logrado crear películas que conmueven y asustan al público, utilizando temas y motivos que reflejan los miedos colectivos.

Por ejemplo, en la década de 1950, las películas de terror estadounidenses presentaron monstruos atómicos y extraterrestres, reflejando el miedo a la Guerra Fría y a la amenaza nuclear. En la década de 1970, las películas de terror estadounidenses estuvieron marcadas por una crítica social y política, explorando temas como la corrupción, la violencia urbana y la crisis energética.

Entre los directores más famosos del cine de terror estadounidense se encuentra George A. Romero, quien revolucionó el género con su película de culto «La noche de los muertos vivientes» en 1968. El director utilizó los zombies como metáfora para criticar la sociedad estadounidense de la época, abordando temas como el racismo y la violencia institucional. La película también se convirtió en un símbolo de la contracultura e inspiró a muchos directores de películas de terror independientes.

John Carpenter es otro director influyente que creó clásicos como «Halloween» en 1978 y «The Thing» en 1982, definiendo así el subgénero del slasher y el horror psicológico. «Halloween», en particular, se considera una de las películas más influyentes del género, habiendo popularizado los temas del asesino en serie y el horror de supervivencia.

Desde la década de 2000, el cine de terror estadounidense ha experimentado un renacimiento gracias a películas como «Saw» (2004), «Hostel» (2005) y «Actividad paranormal» (2007). Estas películas han puesto énfasis en la violencia explícita y el realismo, explorando temas como la tortura, la violencia y el horror psicológico. También han popularizado el estilo narrativo del found footage, que simula una cámara subjetiva para que el espectador experimente el horror junto a los personajes.

El cine de terror estadounidense también ha producido muchas franquicias exitosas como «Viernes 13», «Freddy Krueger» y «Scream», así como numerosos remakes y reinicios. Sin embargo, esto también ha llevado a cierta fatiga y saturación del mercado, lo que ha llevado a los directores a buscar nuevas aproximaciones al género.

El cine de terror británico

El cine de terror británico tiene una rica historia y ha producido algunas de las películas más emblemáticas del género. A menudo se ha asociado con historias de fantasmas y una atmósfera gótica, pero también ha explorado otros temas y subgéneros.

La década de 1950 fue la época dorada del cine de terror británico, con películas como «Village of the Damned» y «The Giant Behemoth» que cautivaron al público. Sin embargo, fue en la década de 1960 cuando el género realmente despegó, con películas como «Eyes Without a Face» de Georges Franju y «The Brides of Dracula» de Terence Fisher, que establecieron un estilo y una estética para el cine de terror británico.

Uno de los directores más influyentes de esta época fue sin duda Hammer Film Productions, que produjo una serie de películas de terror góticas en las décadas de 1960 y 1970. Estas películas, como «Horror of Dracula» y «The Curse of Frankenstein», eran a menudo adaptaciones de clásicos de la literatura de terror, con actores como Peter Cushing y Christopher Lee que se convirtieron en iconos del género.

En la década de 1970, el cine de terror británico evolucionó hacia subgéneros como el slasher con películas como «The Hound of the Baskervilles» de Terence Fisher y «The Wicker Man» de Robin Hardy. Estas películas pusieron énfasis en una estética más oscura y brutal, al tiempo que conservaron la atmósfera gótica característica del cine de terror británico.

A lo largo de las décadas siguientes, el cine de terror británico ha seguido evolucionando y explorando nuevos subgéneros como el body horror con «Naked Lunch» de David Cronenberg y «Hellraiser» de Clive Barker. También ha seguido produciendo películas de terror góticas, como «The Others» de Alejandro Amenábar, que han sido aclamadas por la crítica y el público.

El cine de terror británico también ha influido en otras formas de arte y medios de comunicación, como la música y la televisión. Bandas de rock como Black Sabbath e Iron Maiden se han inspirado en las películas de terror británicas, mientras que programas de televisión como «Doctor Who» han incorporado elementos del género en sus historias.

El cine de terror asiático

El cine de terror asiático ha sido uno de los géneros más innovadores y fascinantes de las últimas décadas. Las películas de terror asiáticas a menudo tienen un enfoque único y original que se distingue de sus contrapartes occidentales. En esta sección, exploraremos las características del cine de terror asiático y su impacto en la historia del género.

Japón es uno de los países asiáticos más conocidos por su cine de terror. El J-Horror (horror japonés) surgió en la década de 1990 con películas como «Ring» (1998), «Ju-On: The Grudge» (2002) y «Dark Water» (2002). Estas películas tuvieron un gran éxito en todo el mundo y a menudo fueron adaptadas para el cine estadounidense.

El estilo japonés se caracteriza a menudo por el uso de imágenes perturbadoras, una narrativa no lineal y una banda sonora aterradora. Además, los temas japoneses a menudo están impregnados de espiritualidad y superstición, como los fantasmas vengativos y los espíritus malignos. Por ejemplo, la película «Kwaidan» (1964) de Masaki Kobayashi es una película de antología que presenta cuatro historias de fantasmas basadas en leyendas japonesas. La película es una obra de arte realmente, con imágenes hermosas y una atmósfera sombría y poética.

El cine de terror surcoreano también es muy popular. El estilo surcoreano a menudo se caracteriza por su violencia gráfica y contenido impactante. Las películas de terror surcoreanas suelen tener temas psicológicos intensos, como la locura, la venganza y la culpa. Películas como «Oldboy» (2003) y «I Saw the Devil» (2010) han tenido mucho éxito en el extranjero.

El director coreano Kim Jee-woon es un maestro del cine de terror, y su película «A Tale of Two Sisters» (2003) se considera una de las mejores películas de terror asiáticas de todos los tiempos. La película cuenta la historia de dos hermanas que regresan a su casa familiar después de haber estado hospitalizadas en un centro psiquiátrico. La película utiliza una narrativa no lineal y una estética visual extraña para crear una atmósfera inquietante.

China, por su parte, también ha producido películas de terror que han llamado la atención a nivel internacional. El cine de terror chino a menudo se caracteriza por el uso de folclore local y leyendas, que se incorporan en las historias de terror. Los temas a menudo incluyen criaturas míticas como fantasmas, vampiros y espíritus malignos.

La película «The Eye» (2002) de los directores hongkoneses Pang Brothers es un ejemplo de una exitosa película de terror china. La película sigue la historia de una joven que se somete a un trasplante de córnea y comienza a ver cosas extrañas. La película utiliza un enfoque psicológico para crear una atmósfera de tensión.

El cine de terror asiático también es conocido por su uso innovador de la estética visual. A menudo, las películas utilizan imágenes estilizadas y colores vivos para crear una atmósfera de pesadilla. Los directores asiáticos también son conocidos por su hábil uso de la cámara y la puesta en escena, que permiten crear momentos de tensión dramática.

Por ejemplo, el director japonés Takashi Miike es conocido por sus películas de terror que son tanto impactantes como estéticamente fascinantes. Su película «Audition» (1999) sigue la historia de un viudo que organiza audiciones para encontrar una nueva esposa. La película utiliza una narrativa lenta y una estética visual exquisita para crear una atmósfera de tensión y suspenso.

El cine de terror asiático también es conocido por sus temas oscuros e intensos, que pueden reflejar los miedos y angustias culturales. Por ejemplo, la película coreana «The Host» (2006) del director Bong Joon-ho explora los miedos relacionados con la contaminación y la contaminación del medio ambiente. La película sigue la historia de una familia que debe salvar a su hija secuestrada por una criatura monstruosa que emerge de un río contaminado.

Además de sus temas y estética distintivos, las películas
de terror asiáticas también han influenciado el cine de
terror mundial. Los remakes estadounidenses de películas
asiáticas como «The Ring» y «The Grudge» han tenido mucho
éxito entre el público occidental. Los directores occidentales,
como Guillermo del Toro, también han sido influenciados por
el cine de terror asiático.

El cine de terror europeo y otras tradiciones nacionales

El cine de terror europeo, al igual que otras tradiciones
nacionales, ha contribuido a la riqueza y diversidad del
género. Cada país ha aportado su propia visión y estilo al
cine de terror, utilizando sus propios mitos, creencias y
miedos. En esta sección, exploraremos algunos de los países
europeos más representativos y sus contribuciones al género.

El cine de terror británico es uno de los más importantes
de Europa y ha influido en muchos directores de renombre
mundial. Las décadas de 1960 y 1970 vieron surgir una ola
de películas de terror británicas conocidas como «Hammer
Horror», que a menudo presentaban vampiros, hombres
lobo y monstruos. Algunas de las películas icónicas de esta
época incluyen «Drácula», «Frankenstein» y «The Curse of
the Werewolf». Más recientemente, películas como «Shaun
of the Dead» y «28 Days Later» han renovado el género,
manteniendo al mismo tiempo el humor y la violencia
característicos del cine de terror británico.

El cine de terror italiano también es muy influyente, con

un estilo visual distintivo y temas a menudo tomados del gótico y la ópera. Las décadas de 1960 y 1970 vieron surgir muchas películas de terror italianas conocidas como «giallo», que se caracterizaban por una trama compleja, escenas violentas y una estética sofisticada. Algunos de los directores más famosos incluyen a Dario Argento y Mario Bava, cuyas películas han influido en muchos cineastas de todo el mundo. Películas como «Suspiria», «Deep Red» y «Black Sabbath» son ejemplos emblemáticos del cine de terror italiano.

El cine de terror francés a menudo se asocia con el movimiento del «cinéma de l'étrange», que mezcla el horror, lo fantástico y lo erótico. Las décadas de 1960 y 1970 vieron surgir directores como Jean Rollin y Alain Robbe-Grillet, quienes exploraron temas como la muerte, la locura y la sexualidad en sus películas. Más recientemente, películas como «Martyrs» y «Haute Tension» han renovado el género, manteniendo el estilo visual y los temas característicos del cine de terror francés.

El cine de terror alemán también es influyente, con películas como «Nosferatu» y «The Cabinet of Dr. Caligari» que han influenciado a muchos cineastas de todo el mundo. Más recientemente, películas como «Goodnight Mommy» han sido elogiadas por su estilo visual y narración innovadora, renovando así el género.

Otros países europeos, como España, Suecia y Bélgica, también han contribuido al género de manera significativa. El cine de terror español a menudo se asocia con el movimiento del «cine de terror», que pone énfasis en la violencia y la locura. Películas como «The Nameless» y «The Devil's

Backbone» son ejemplos emblemáticos de este estilo. El cine de terror sueco a menudo se asocia con películas de terror psicológico, como «Let the Right One In» y «Border», que exploran temas como la identidad, la marginalización y la diferencia. Por último, el cine de terror belga a menudo se asocia con películas de terror experimentales y artísticas, como «Calvaire» y «Amer», que ponen énfasis en el estilo visual y la atmósfera sombría.

Recepción y crítica del cine de terror

La recepción del público y la censura

La recepción del público y la censura en el cine de terror son aspectos clave a considerar en el análisis del género. Desde sus inicios, el cine de terror ha generado reacciones mixtas por parte del público y la crítica. Por un lado, algunos espectadores se sienten fascinados por los efectos especiales, las escenas de tensión y el miedo que generan las películas de terror. Por otro lado, otras personas pueden sentirse impactadas u ofendidas por la violencia gráfica, la sexualidad explícita, el lenguaje vulgar y las representaciones de muerte y sangre.

La censura ha sido una preocupación constante para los cineastas de terror, ya que las películas de este género suelen estar asociadas a temas controvertidos o subversivos. Los censores suelen imponer restricciones en cuanto a la violencia, la sexualidad y el lenguaje, e incluso llegan a prohibir algunas películas de terror. Los cineastas han sorteado estas restricciones utilizando trucos como la insinuación en lugar de mostrar explícitamente la violencia, o modificando el contenido de las películas para hacerlas más aceptables.

El público también ha desempeñado un papel importante en la recepción del cine de terror. Los cineastas suelen apuntar a públicos específicos, como adolescentes o aficionados al cine de terror, utilizando técnicas de marketing dirigidas. El éxito comercial de las películas de terror ha sido impulsado por una base apasionada de fanáticos que ha llevado a las franquicias de terror, como «Halloween» y «Viernes 13», a la cultura popular.

Sin embargo, algunos críticos también han destacado el potencial artístico del género y han destacado películas de terror que se consideran obras maestras cinematográficas, como «El bebé de Rosemary» de Roman Polanski o «El resplandor» de Stanley Kubrick. Estas películas han explorado temas más profundos, como la psicología humana, la paranoia y la locura, y han sido aclamadas por su estética y su capacidad para hacer reflexionar al espectador.

La recepción del público y la censura también han evolucionado con el tiempo. En las décadas de 1970 y 1980, el subgénero slasher experimentó un aumento de popularidad, con películas como «Halloween» y «Viernes 13» que fueron recibidas con entusiasmo por adolescentes y adultos jóvenes. Sin embargo, estas películas también generaron controversia debido a su violencia gráfica y su representación de las mujeres como víctimas.

Más recientemente, el cine de terror ha experimentado un renacimiento con películas como «¡Huye!» y «Hereditary», que han sido aclamadas por la crítica y el público por su originalidad y su capacidad para trascender los límites del género. Estas películas han explorado temas sociales y políticos contemporáneos, como el racismo y la disfuncionalidad familiar, utilizando elementos de terror para enfatizar el impacto emocional en el espectador.

Las críticas y las teorías sobre el género

El cine de terror es un género cinematográfico que a menudo suscita reacciones fuertes y apasionadas por parte de críticos y teóricos del cine. Desde sus orígenes, este género ha sido criticado por su uso de violencia gráfica y horror visceral. Algunos teóricos del cine consideran que esta representación de la violencia y el sufrimiento humano es moralmente condenable y puede contribuir a la desensibilización del público hacia la violencia real. Otros, por el contrario, sostienen que el cine de terror puede tener una función catártica al permitir que los espectadores experimenten sus miedos y angustias de manera controlada y simbólica.

Sin embargo, las críticas al cine de terror no se limitan a su uso de violencia gráfica. También se acusa al género de perpetuar estereotipos y representaciones negativas de ciertos grupos sociales, como mujeres, minorías raciales o étnicas, o personas LGBT+. Algunos críticos sostienen que el género puede reforzar prejuicios y discriminaciones al asociar a ciertos personajes con comportamientos violentos o desviados.

A pesar de estas críticas, el cine de terror sigue siendo un género cinematográfico popular e influyente. Los teóricos del cine exploran cómo el género puede subvertir estos estereotipos y cuestionar las normas sociales establecidas. Muchas películas de terror presentan personajes femeninos fuertes e independientes, o minorías que desafían las convenciones sociales. Estos personajes pueden ser vistos como símbolos de resistencia frente a la dominación y la opresión.

El cine de terror también puede estudiarse desde una perspectiva estética y técnica. Los teóricos del cine suelen examinar el uso del color, la luz, la música y los efectos especiales para crear una atmósfera angustiante y aterradora. También investigan cómo los directores juegan con las expectativas del público para provocar reacciones emocionales. El cine de terror es un género que se presta especialmente bien a la experimentación y la innovación formal, lo que lo convierte en un objeto de estudio fascinante para los teóricos del cine.

Por último, el cine de terror puede ser leído desde una perspectiva social y cultural. Las películas de terror a menudo reflejan los miedos y angustias de la sociedad en la que se producen. También pueden ser utilizadas para comentar y criticar los problemas sociales y políticos de su época. Por ejemplo, las películas de zombies pueden interpretarse como una reflexión sobre los miedos relacionados con la epidemia de VIH/SIDA en las décadas de 1980 y 1990.

Los premios y festivales dedicados

La sección sobre los premios y festivales dedicados en el libro es una oportunidad para destacar la importancia de estos eventos para el cine de terror. De hecho, los festivales dedicados son lugares de encuentro para profesionales del cine, fanáticos y críticos, y permiten descubrir y destacar las mejores películas del género.

Los festivales dedicados al cine de terror son numerosos en todo el mundo y brindan a directores, actores y productores la oportunidad de presentar sus obras al público y a la industria. Representan un momento privilegiado para que los profesionales del cine de terror se encuentren, compartan su pasión, discutan las últimas tendencias y descubran nuevos talentos.

Entre los festivales más conocidos se encuentran el Festival Internacional de Cine Fantástico de Gérardmer en Francia, el Festival Internacional de Cine Fantasia en Montreal, el FrightFest de Londres y el Festival de Cine de Terror Screamfest en Los Ángeles. Cada festival tiene sus propias características y destaca diferentes películas y directores, lo que crea una gran diversidad en la presentación del cine de terror.

Los festivales dedicados premian a las mejores películas del género con prestigiosos premios como el Gran Premio del Jurado o el Premio del Público. Estos premios son un reconocimiento importante para los directores y pueden ayudar a promover la proyección de sus películas en salas de cine. También representan una oportunidad para que las películas independientes obtengan mayor visibilidad y sean descubiertas por nuevos públicos.

Además de los festivales dedicados, los premios para las películas de terror también se otorgan en ceremonias de premios más generales, como los Oscars o los Golden Globes. Aunque el cine de terror rara vez es premiado en estas grandes ceremonias, algunas películas han logrado recibir premios prestigiosos. Por ejemplo, «El silencio de los corderos» de Jonathan Demme ganó cinco oscars en 1992, incluyendo el de mejor película, director, actor y actriz.

Además de los premios y los festivales, los críticos también desempeñan un papel importante en el reconocimiento del cine de terror. Los críticos especializados en el género tienen un impacto significativo en cómo las películas son recibidas por el público y pueden ayudar a descubrir nuevos talentos y promover películas independientes. Revistas especializadas como Fangoria o Rue Morgue, así como sitios web dedicados como Bloody Disgusting o Dread Central, se han convertido en fuentes indispensables para los fanáticos del cine de terror.

El cine de terror y la cultura popular

Las franquicias y los remakes

Las franquicias y los remakes son un aspecto importante del cine de terror moderno. Una franquicia es una serie de películas que comparten un universo y personajes comunes, mientras que un remake es una nueva versión de una película existente. Estos dos conceptos a menudo están vinculados, ya que las franquicias a menudo tienen remakes o reinicios para reintroducir a los personajes e historias a una nueva generación.

Las franquicias son populares porque permiten a los estudios capitalizar el éxito de una película al producir secuelas que ofrecen a los fans nuevas aventuras con personajes que conocen y aman. Las franquicias de terror más famosas incluyen «Halloween», «Friday the 13th», «A Nightmare on Elm Street» y «Saw». Estas franquicias han producido muchas películas aclamadas por los fans del género, pero que también han recibido críticas mixtas por parte de los críticos.

Los remakes, por otro lado, a menudo son controvertidos porque pueden ser percibidos como copias desvaídas de amadas películas originales. Sin embargo, algunos remakes de terror han sido aclamados por la crítica e incluso han superado a los originales en términos de éxito comercial y calidad cinematográfica. Un ejemplo notable es «The Fly» de David Cronenberg, que fue elogiado como una joya del terror moderno.

Sin embargo, los remakes y las franquicias no solo se producen por lucro. También pueden ofrecer la oportunidad de volver a visitar historias y personajes clásicos con una perspectiva moderna, al mismo tiempo que exploran nuevas ideas y adaptan historias para audiencias contemporáneas. Además, los remakes también pueden traer mejoras técnicas y cinematográficas a las películas originales, gracias a los avances tecnológicos y la experiencia adquirida por los directores modernos.

Finalmente, es importante destacar que las franquicias y los remakes no son exclusivos del cine de terror, sino que también están presentes en otros géneros cinematográficos. Sin embargo, el cine de terror es particularmente adecuado para estos conceptos, ya que a menudo se centra en historias y personajes icónicos que pueden ser revisitados y reinventados para las generaciones futuras.

Los productos derivados y el merchandising

La popularidad del cine de terror ha dado lugar a una multitud de productos derivados y mercancía. Los fans de este género cinematográfico pueden encontrar todo tipo de artículos, desde ropa hasta juguetes, alimentos, videojuegos y libros.

Los productos derivados permiten a los fans mostrar su amor por el cine de terror vistiendo camisetas con sus personajes favoritos, decorando sus hogares con carteles de películas o coleccionando figuras de sus monstruos preferidos. Las marcas también han comprendido la importancia de la cultura popular y el entusiasmo por las películas de terror, y han creado líneas de productos exclusivos.

Las películas de terror también han inspirado videojuegos, atracciones en parques de diversiones y juegos de escape, que permiten a los fans vivir experiencias inmersivas relacionadas con sus películas favoritas. Los videojuegos de terror son particularmente populares, con títulos como «Resident Evil», «Silent Hill» y «Outlast».

El merchandising también es una forma para los estudios de cine de generar ingresos adicionales. Los productos derivados a menudo se comercializan junto con el estreno de la película, lo que permite a los fans prolongar su experiencia cinematográfica. Las franquicias exitosas como «Halloween», «Scream» y «Saw» han generado millones de dólares a través de la venta de productos derivados.

Sin embargo, el merchandising también puede perjudicar la credibilidad artística del cine de terror. Los productos derivados a menudo están dirigidos a un público más joven, lo que puede dar una imagen negativa y infantil al género. Las marcas a menudo buscan aprovechar la popularidad del cine de terror creando productos poco relevantes y de calidad mediocre.

Las influencias en otras artes y medios

Uno de los aspectos más fascinantes del cine de terror es su capacidad para influir en otras artes y medios. Desde los inicios del cine de terror, los directores han sido inspirados por obras de ficción escritas y visuales anteriores, como las novelas góticas, los cuentos de hadas, las ilustraciones y las pinturas. Sin embargo, el cine de terror también ha tenido un impacto significativo en otras formas de arte, incluyendo la literatura, el cómic, la música, los videojuegos y la televisión.

La literatura es un campo en el que el cine de terror ha ejercido una influencia considerable. Las obras de grandes autores como Edgar Allan Poe, Bram Stoker y H.P. Lovecraft han sido adaptadas al cine, dando nueva vida a sus historias de terror. A su vez, las películas de terror también han inspirado a muchos escritores de ficción a escribir novelas e historias de terror, como Stephen King, Dean Koontz y Anne Rice.

Del mismo modo, el cómic también ha sido fuertemente influenciado por el cine de terror. Los cómics de terror, como «Tales from the Crypt», surgieron en la década de 1950 y desde entonces han sido adaptados en muchas otras formas, incluyendo programas de televisión y películas. Los personajes icónicos como Freddy Krueger, Jason Voorhees y Michael Myers también han aparecido en cómics.

La música es otro campo donde el cine de terror ha dejado su huella. Las bandas sonoras de películas de terror a menudo son tan aterradoras y memorables como las imágenes que las acompañan, y los compositores de música a menudo han sido inspirados por el género. Muchos grupos de rock y metal, como Alice Cooper y Marilyn Manson, también han sido influenciados por el cine de terror, incorporando elementos espeluznantes y macabros en su música y actuaciones en vivo.

Los videojuegos son otro ámbito en el que el cine de terror ha tenido una influencia considerable. Los videojuegos de terror, como «Resident Evil» y «Silent Hill», se han vuelto extremadamente populares y han sido ampliamente inspirados por las películas de terror. Los videojuegos también han permitido a los jugadores experimentar el terror de manera interactiva, ofreciendo una nueva dimensión al género del horror.

Finalmente, el cine de terror también ha tenido un impacto en la televisión. Los programas de televisión de terror, como «The Twilight Zone» y «The X-Files», han sido ampliamente influenciados por el cine de terror. Además, muchas series de televisión también han sido adaptadas a partir de películas de terror, como «Hannibal» y «Bates Motel»..

Perspectivas futuras

Las tendencias actuales y emergentes

Las tendencias actuales y emergentes en el cine de terror son numerosas y reflejan la evolución de la sociedad y la tecnología. En primer lugar, el cine de terror independiente ha experimentado un gran crecimiento en los últimos años. Los directores independientes pueden expresarse con mayor libertad creativa y ofrecer películas más originales y arriesgadas que las producciones de Hollywood. Los modestos presupuestos de estas películas suelen verse compensados con guiones innovadores y enfoques artísticos audaces.

Sin embargo, esta tendencia no se limita solo a los Estados Unidos, sino que también se observa en todo el mundo. Por ejemplo, el cine de terror francés está experimentando actualmente un período de éxito gracias a producciones como «Grave» de Julia Ducournau, que ha ganado numerosos premios internacionales. Del mismo modo, el cine de terror surcoreano ha experimentado un renacimiento en los últimos años, con películas como «The Wailing» o «The Host».

Al mismo tiempo, las películas de terror sociales y políticas están ganando popularidad, abordando temas como el feminismo, el racismo, las cuestiones medioambientales o los problemas de salud mental. Estas películas muestran una mayor conciencia de los problemas contemporáneos y buscan despertar la conciencia del público. Un ejemplo notable es la película de Jordan Peele «Get Out», que ha sido elogiada por su representación de la realidad de los afroamericanos en los Estados Unidos.

El metraje encontrado, popularizado por películas como «The Blair Witch Project» o «Paranormal Activity», también es una tendencia emergente en el género de terror. Esta técnica de filmación da la impresión de que el espectador es testigo de los eventos que se desarrollan en la pantalla, lo que aumenta la inmersión y crea una tensión realista.

El cine de terror extranjero continúa teniendo una fuerte presencia en la escena global, con países como Japón, Corea del Sur o España produciendo películas innovadoras y de calidad. Los directores extranjeros a menudo aportan una perspectiva diferente a los temas y motivos clásicos del terror, lo que amplía el horizonte de los espectadores. Por ejemplo, la película coreana «Train to Busan» ha sido elogiada por su exitosa combinación de terror y acción, así como por su convincente representación de la sociedad coreana.

Por último, la realidad virtual y las nuevas tecnologías ofrecen nuevas oportunidades para el cine de terror. Experiencias inmersivas como las salas de escape o los videojuegos de terror permiten a los espectadores vivir experiencias aterradoras en tiempo real. El cine de terror en realidad virtual también se encuentra en desarrollo, ofreciendo una mayor inmersión en el universo del terror. Películas como «The Ring VR» o «Don't Knock Twice VR» ofrecen experiencias de realidad virtual aterradoras que permiten a los espectadores sumergirse en mundos aterradores e interactuar con los personajes y eventos.

Finalmente, la pandemia de COVID-19 también ha tenido un impacto en el cine de terror, con películas que exploran los miedos relacionados con la enfermedad y la cuarentena. Películas como «Host», filmada durante el confinamiento, o «Songbird», que imagina una pandemia que dura varios años, han sido creadas en respuesta a esta situación.

El papel de las nuevas tecnologías y las plataformas de streaming

El cine de terror siempre ha sido un género que ha sabido adaptarse y evolucionar con las nuevas tecnologías y los hábitos de consumo del público. Los avances tecnológicos recientes han proporcionado nuevas herramientas y medios de producción para los directores de terror, lo que permite la creación de películas de calidad con presupuestos reducidos. Además, las plataformas de streaming han ofrecido una nueva forma de ver películas de terror, permitiendo a los espectadores verlas en cualquier momento, en cualquier lugar y en diferentes dispositivos.

La revolución digital también ha abierto nuevas perspectivas para el cine de terror. Las técnicas prácticas como los efectos especiales, el maquillaje y los disfraces han sido reemplazados por técnicas digitales, lo que ha llevado a una pérdida de autenticidad y de impacto visual en las películas de terror. Por lo tanto, los directores de terror se enfrentan ahora a un nuevo desafío: combinar las técnicas digitales y prácticas para crear una experiencia visual auténtica e inmersiva para el público.

Sin embargo, las nuevas tecnologías también han permitido explorar una mayor diversidad de temas en el género de terror. Las películas de terror ahora tienen la posibilidad de abordar temas sociales y políticos como el cambio climático, la inmigración, las desigualdades económicas y las cuestiones de justicia social. Por lo tanto, las películas de terror pueden ofrecer comentarios sociales relevantes al tiempo que crean una experiencia aterradora y memorable.

Las plataformas de streaming también han tenido un impacto significativo en el futuro del cine de terror. Plataformas como Netflix, Hulu, Amazon Prime Video y Shudder han fomentado la diversidad de temas y estilos en el género de terror, permitiendo a los directores independientes llegar a una audiencia más amplia. Las plataformas de streaming también han brindado una visibilidad sin precedentes a películas de terror internacionales, lo que permite a los espectadores descubrir películas de terror de diferentes culturas y países.

Sin embargo, la proliferación de plataformas de streaming también ha creado una sobreabundancia de películas de terror de calidad variable, lo que puede dificultar que el público encuentre películas de alta calidad. Para solucionar esto, las plataformas de streaming pueden incorporar herramientas de recomendación basadas en inteligencia artificial, utilizando algoritmos para sugerir películas de terror similares a las que los espectadores han disfrutado en el pasado.

En resumen, el futuro del cine de terror dependerá de la capacidad de los directores para adaptarse a las nuevas tecnologías mientras mantienen la autenticidad y el impacto visual de las películas de terror. La creatividad y la innovación serán esenciales para crear historias únicas y cautivadoras que despierten el interés del público.

El cine de terror independiente y los prometedores directores

El cine de terror independiente es un movimiento que ha estado creciendo en los últimos años y reúne a directores talentosos e innovadores. A diferencia de las grandes producciones de Hollywood, estas películas suelen tener presupuestos muy limitados, pero logran cautivar a un público fiel y obtener elogios de la crítica.

Estos directores tienen un espíritu emprendedor y una gran creatividad que les permite tomar decisiones audaces y desafiar los límites del género. A menudo están motivados por una pasión por el cine de terror y el deseo de contar historias originales y crear personajes fuertes.

Entre los prometedores directores del cine de terror independiente se encuentran Ari Aster, quien dirigió las películas «Hereditary» y «Midsommar», y Jordan Peele, con las películas «Get Out» y «Us». Estos directores han logrado ofrecer películas innovadoras que han sido bien recibidas por un público amplio y han sido aclamadas por la crítica.

El cine de terror independiente también ofrece una plataforma para las directoras, quienes a menudo tienen dificultades para encontrar su lugar en la industria cinematográfica. Mujeres como Ana Lily Amirpour, con su película «A Girl Walks Home Alone at Night», o Jennifer Kent, con «The Babadook», han logrado imponer su visión y su estilo en un entorno dominado por hombres.

El cine de terror independiente también ofrece una oportunidad para que actores y actrices poco conocidos destaquen en papeles que les permiten expresar todo su talento. Películas como «The Witch» de Robert Eggers, o «It Follows» de David Robert Mitchell, han lanzado las carreras de jóvenes actores y actrices talentosos.

Finalmente, el cine de terror independiente es una forma de descubrir historias y culturas diferentes. Películas como «Tigers Are Not Afraid» de Issa López, o «Train to Busan» de Yeon Sang-ho, ofrecen visiones originales del género, permitiendo descubrir mundos fascinantes y poco conocidos.

El terror social y político: un reflejo de los desafíos contemporáneos

El cine de terror ha sido considerado a menudo como un género entretenido, destinado a provocar miedo y angustia en el espectador. Sin embargo, no se debe subestimar el alcance social y político que puede tener este género cinematográfico. De hecho, el terror puede reflejar los desafíos contemporáneos de nuestra sociedad y abordar temas importantes como el sexismo, el racismo, la discriminación y la violencia policial.

El cine de terror puede convertirse así en una forma de crítica social y política, permitiendo denunciar situaciones injustas

y opresivas. Por ejemplo, la película «Get Out» dirigida por
Jordan Peele en 2017 aborda el tema del racismo latente
en la sociedad estadounidense contemporánea. La película
cuenta la historia de un joven afroamericano invitado a la
casa de la familia de su novia blanca, donde se enfrenta
a una serie de comportamientos racistas y opresivos. La
película utiliza los códigos del cine de terror para denunciar
los mecanismos del racismo y la dominación blanca.

Del mismo modo, la película «The Purge» de James
DeMonaco en 2013 imagina una América distópica donde,
una vez al año, todos los crímenes son legalizados durante
una noche. Detrás de este pretexto horroroso, la película
aborda cuestiones sociales y políticas cruciales como la
violencia, las desigualdades económicas y las relaciones de
poder entre las clases sociales.

El cine de terror también puede abordar problemas más
específicos, como la violencia contra las mujeres. La
película «Revenge» de Coralie Fargeat en 2017 cuenta la
historia de una joven violada y abandonada en el desierto,
que se embarca en una venganza sangrienta contra sus
agresores. La película utiliza los códigos del cine de terror
para denunciar la violencia de género y los mecanismos de
opresión patriarcal.

Finalmente, el cine de terror puede ser una fuente de
emancipación y resistencia para las minorías oprimidas. La
película «The Babadook» de Jennifer Kent en 2014 presenta a
una madre soltera cuidando a su hijo autista y enfrentándose
a un monstruo sacado de un libro infantil. La película puede
ser leída como una alegoría de la lucha contra la homofobia

y la marginalización social, ya que el personaje principal es una madre lesbiana confrontada a una sociedad hostil y discriminatoria.

Los desafíos y oportunidades para el futuro del género

El cine de terror es un género que ha sabido evolucionar a lo largo de las décadas, pero debe continuar renovándose para mantenerse relevante. Para hacerlo, debe enfrentar ciertos desafíos y aprovechar ciertas oportunidades para asegurar su futuro.

Uno de los principales desafíos del cine de terror es mantener un alto nivel de calidad en sus producciones. Con la expansión del mercado del terror, cada vez se estrenan más películas cada año, lo que dificulta distinguir entre producciones de calidad y películas mediocres. Esto puede llevar a una saturación del mercado y a una pérdida de interés del público en el género. Para evitarlo, los directores deben ser originales en sus historias, creativos en su enfoque visual y competentes técnicamente para garantizar una experiencia cinematográfica de calidad.

Otro desafío es mantener el miedo como elemento central del género. Las películas de terror deben seguir explorando temas inquietantes y crear atmósferas que generen fuertes emociones en los espectadores. Esto puede ser difícil de lograr con la saturación del mercado, la disponibilidad de información y la habituación a escenas impactantes y violentas. Por lo tanto, los directores deben ser conscientes de la importancia del miedo en el cine de terror y buscar provocarlo utilizando técnicas creativas e innovadoras.

Un tercer desafío para el género es satisfacer las demandas de las nuevas generaciones de espectadores. Las nuevas generaciones tienen expectativas diferentes en términos de cine de terror, y es importante que el género pueda adaptarse a estas nuevas expectativas para mantenerse relevante. Por lo tanto, los directores deben estar atentos a los gustos y preferencias del público y ser capaces de adaptarse a las nuevas tecnologías y plataformas de distribución para llegar a nuevas audiencias.

A pesar de estos desafíos, el cine de terror también presenta muchas oportunidades para el futuro. Una de las más importantes es la expansión de la industria del cine de terror en todo el mundo. Las producciones de cine de terror ya no están reservadas a los grandes estudios de Hollywood, sino que se crean cada vez más en otros países, especialmente en Asia, Europa y América Latina. Esto permite descubrir nuevas historias, estilos de dirección y talentos.

Otra oportunidad para el cine de terror es la posibilidad de abordar temáticas sociales y políticas. El cine de terror puede ser una excelente manera de explorar los problemas de nuestra sociedad, como las desigualdades, la discriminación o la crisis ecológica. Al aprovechar estos temas, los directores pueden crear historias relevantes y convincentes que llegarán a los espectadores a un nivel más profundo que el simple miedo.

Finalmente, el cine de terror también puede beneficiarse

de la aparición de nuevas tecnologías como la realidad virtual y la realidad aumentada. Estas tecnologías ofrecen la posibilidad de crear experiencias cinematográficas inmersivas que pueden intensificar el miedo y la angustia en el espectador. Los directores también pueden utilizar estas tecnologías para experimentar nuevas formas narrativas y nuevas técnicas visuales que pueden transformar el género del terror.

Conclusion

El cine de terror: un género en constante evolución

El cine de terror es un género cinematográfico en constante evolución, que se adapta constantemente a los gustos y expectativas del público. Desde sus inicios, ha experimentado muchas transformaciones tanto estéticas como narrativas. Hoy en día, el cine de terror es más diverso que nunca, con una multitud de subgéneros y estilos diferentes que coexisten y se mezclan.

Los cambios más destacados en el cine de terror están sin duda relacionados con los avances tecnológicos y la evolución de la sociedad. Las décadas de 1960 y 1970, por ejemplo, vieron el surgimiento de un nuevo tipo de cine de terror, más subversivo y violento que las películas de las décadas anteriores. Estas películas, como «Night of the Living Dead» de George A. Romero o «The Texas Chain Saw Massacre» de Tobe Hooper, rompieron las convenciones del género al ofrecer historias más oscuras y complejas, donde la violencia era a menudo explícita y gráfica.

En las décadas de 1980 y 1990, el cine de terror se centró en el slasher y el terror psicológico. Películas como «Halloween» de John Carpenter o «A Nightmare on Elm Street» de Wes Craven popularizaron el personaje del asesino enmascarado e introdujeron un nuevo tipo de miedo, más insidioso y psicológico, donde la amenaza a menudo es invisible e impredecible.

Más recientemente, el cine de terror ha experimentado un verdadero renacimiento con la llegada de nuevos directores y subgéneros. Películas independientes de terror, como «The Witch» de Robert Eggers o «Hereditary» de Ari Aster, han dado un impulso de creatividad al género al presentar historias más íntimas y personales, donde el miedo a menudo se relaciona con problemas sociales o familiares. Otros subgéneros, como el found footage o el survival horror, también han experimentado un crecimiento significativo en los últimos años, al utilizar nuevas técnicas narrativas y estéticas.

A pesar de estos cambios, el cine de terror sigue siendo un género difícil de definir, que a menudo ha sido asociado con clichés y estereotipos. Sin embargo, ahora se reconoce como un género en sí mismo, con sus propios códigos, convenciones y obras maestras. Más que una simple forma de entretenimiento, el cine de terror también es un terreno fértil para reflexionar sobre los miedos y las angustias de nuestra época, y sobre cómo se representan en la pantalla.

La importancia del legado cultural y artístico del cine de terror

El cine de terror es un género cinematográfico que tiene un lugar importante en nuestro legado cultural y artístico. Desde sus inicios, ha sido considerado como un subgénero menor y controvertido, pero a lo largo del tiempo se ha convertido en un género cinematográfico importante que ha influido en muchos otros géneros.

La importancia del legado cultural y artístico del cine de terror radica en el hecho de que ha sido un catalizador para numerosos avances técnicos y narrativos en el cine en general. Los directores de películas de terror a menudo han utilizado técnicas vanguardistas como el montaje rápido, el sonido, los efectos especiales y el maquillaje para crear una experiencia inmersiva para el público.

El cine de terror también ha sido una plataforma para que los cineastas aborden cuestiones sociales y políticas importantes. A menudo se han utilizado películas de terror para abordar temas como el sexismo, el racismo, la violencia doméstica, la guerra y la explotación económica. Muchas películas de terror también han abordado problemas de salud mental, adicción y trauma, lo que ha permitido abrir importantes conversaciones sobre estos temas.

Además, el cine de terror ha influido en muchos otros géneros cinematográficos, como el cine de acción, el thriller y el drama. Los temas y técnicas utilizados en las películas de terror se han adaptado a otros géneros, lo que ha permitido la creación de películas más complejas y envolventes.

El cine de terror también ha tenido un impacto importante en la cultura popular. Las películas de terror a menudo son una fuente de inspiración para artistas, escritores, músicos y creadores de videojuegos. Los monstruos y personajes emblemáticos de las películas de terror se han convertido en íconos de la cultura popular, lo que ha fortalecido el legado cultural del género.

Finalmente, el cine de terror es importante porque nos

permite explorar nuestros miedos más profundos y primarios. Las películas de terror nos permiten experimentar situaciones que de otra manera nunca viviríamos, y nos enfrentan a nuestros miedos y angustias más intensos. Esto puede ayudarnos a comprendernos mejor a nosotros mismos y al mundo que nos rodea.

En resumen, el cine de terror es un género cinematográfico importante que ha influido en muchos otros géneros, ha permitido importantes avances técnicos y narrativos, ha abordado cuestiones sociales y políticas importantes, ha tenido un impacto significativo en la cultura popular y nos permite enfrentarnos a nuestros miedos más profundos. Es un legado cultural y artístico que debe ser tenido en cuenta y celebrado.

Filmografía selecta del cine de terror

La filmografía del cine de terror es amplia y abarca una gran variedad de películas. Las películas de terror siempre han sido populares entre el público, y su historia se remonta a más de un siglo. A lo largo de los años, muchas películas de terror se han convertido en clásicos y han influido en muchos directores.

Es importante tener en cuenta que la lista de películas presentada aquí es una selección subjetiva y no exhaustiva. No pretende ser la lista definitiva de películas de terror, sino más bien una recopilación de películas que han tenido un impacto significativo en el género y han contribuido a dar forma a su evolución.

«Nosferatu» (1922) - Dirigida por F.W. Murnau, es una de las primeras películas de terror en la historia del cine. Está basada en la novela de Bram Stoker, «Drácula», y presenta al vampiro más famoso de la historia.

«Frankenstein» (1931) - Dirigida por James Whale, esta película es una adaptación de la novela homónima de Mary Shelley. Presenta al Dr. Frankenstein creando una criatura hecha de diferentes partes de cuerpos humanos y animales. Esta película lanzó la carrera de Boris Karloff, quien interpreta a la criatura.

«Psicosis» (1960) - Dirigida por Alfred Hitchcock, esta película revolucionó el género del terror al mostrar la violencia de manera más explícita. Presenta a un asesino en serie y creó una tensión psicológica que cautivó al público.

«La noche de los muertos vivientes» (1968) - Dirigida por George A. Romero, es una de las películas de zombis más famosas de todos los tiempos. Presenta a un grupo de personas luchando por sobrevivir contra hambrientos muertos vivientes.

«El exorcista» (1973) - Dirigida por William Friedkin, es una de las películas de terror más controvertidas de todos los tiempos. Presenta a una niña poseída por un demonio y generó muchas reacciones tanto del público como de la crítica.

«Halloween» (1978) - Dirigida por John Carpenter, esta película es considerada una de las mejores películas de slasher de todos los tiempos. Presenta a Michael Myers, un asesino en serie que escapa del asilo psiquiátrico y acecha a sus víctimas por toda la ciudad.

«El resplandor» (1980) - Dirigida por Stanley Kubrick, esta película está basada en la novela de Stephen King y presenta a Jack Nicholson como el cuidador de un hotel aislado que se vuelve loco. La película creó una atmósfera de tensión que puso nervioso al público.

«Pesadilla en Elm Street» (1984) - Dirigida por Wes Craven, esta película popularizó al personaje de Freddy Krueger. Es un asesino en serie que ataca a sus víctimas en sus sueños, creando escenas de pesadilla aterradoras.

«The Ring» (1998) - Dirigida por Hideo Nakata, esta película es considerada una de las mejores películas de terror japonesas de todos los tiempos. Presenta una cinta de vídeo maldita que mata a quienes la ven. La película inició la ola de películas de fantasmas asiáticas e inspiró muchos remakes.

«The Blair Witch Project» (1999) - Dirigida por Daniel Myrick y Eduardo Sánchez, esta película popularizó el estilo de found footage, donde la película se presenta como una compilación de videos encontrados después de un evento. Presenta a tres estudiantes que desaparecen en un bosque embrujado.

«Saw» (2004) - Dirigida por James Wan, esta película es considerada el comienzo de una exitosa franquicia. Presenta a un asesino en serie que secuestra a sus víctimas para someterlas a pruebas mortales.

«¡Huye!» (2017) - Dirigida por Jordan Peele, esta película es una crítica a la sociedad estadounidense y sus problemas raciales. Presenta a un joven negro que conoce a la familia blanca de su novia y descubre un inquietante secreto.

«Hereditary» (2018) - Dirigida por Ari Aster, esta película es considerada una de las mejores películas de terror de la última década. Presenta a una familia que está atormentada por oscuros secretos después de la muerte de la abuela.

«Nosotros» (2019) - Dirigida por Jordan Peele, esta película presenta a una familia que es atacada por siniestros duplicados de ellos mismos. La película explora temas como la dualidad y la naturaleza humana.

«Midsommar» (2019) - Dirigida por Ari Aster, esta película se desarrolla en una comunidad sueca aislada que celebra un festival anual. La película explora temas de pérdida y reconstrucción personal.

En última instancia, esta filmografía selecta del cine de terror solo raspa la superficie de un género rico y complejo que ha experimentado una evolución constante durante más de un siglo. Las películas mencionadas aquí han tenido un impacto significativo en el género y han contribuido a dar forma a su evolución. Los fanáticos del género seguramente encontrarán otras películas para agregar a esta lista según sus preferencias personales.

Agradecimientos

En conclusión de este libro, me gustaría expresar mi profunda gratitud a todas las personas que han contribuido, directa o indirectamente, en la creación de «Pesadillas en la pantalla: Todo lo que necesitas saber sobre los entresijos del cine de terror».

En primer lugar, quiero agradecer sinceramente a los expertos y apasionados que han compartido sus conocimientos y experiencia conmigo. Su generosidad y entusiasmo han sido valiosas fuentes de inspiración que han alimentado mi reflexión y han dado vida a este libro.

Quiero saludar a todos los profesionales del cine de terror, directores, guionistas, actores, técnicos y productores, cuyo talento y creatividad han permitido que este género cinematográfico se desarrolle y se renueve constantemente. Gracias a ellos, generaciones de espectadores han podido estremecerse, maravillarse y reflexionar sobre la naturaleza humana a través de estas obras de arte.

También quiero agradecer a todos los críticos y académicos que han contribuido a enriquecer la reflexión sobre el cine de terror. Sus obras han sido fundamentales para darle sentido a este género tan particular y para iluminar mi comprensión de sus implicaciones culturales y sociales.

Por último, me gustaría expresar mi gratitud a mis seres queridos, familiares y amigos, por su inquebrantable apoyo, paciencia y estímulo. Su presencia y comprensión han sido fuentes indispensables de motivación para llevar a cabo este ambicioso proyecto.

Estimados lectores, al cerrar este libro, espero haberles ofrecido un viaje apasionante e iluminador a través del vasto universo del cine de terror. Ojalá estas páginas les hayan inspirado una mirada fresca y curiosa sobre este género cinematográfico, y les hayan incitado a explorar más los tesoros que encierra.

Una vez más, gracias a todos y que continúe su descubrimiento del cine de terror.